AF341719

UNE EXCURSION
AUX GROTTES ET CAVERNES
DE MONTSERRAT

PAR

Victor BALAGUER

MEMBRE DE L'ACADÉMIE ROYALE ESPAGNOLE

TRADUIT DE L'ESPAGNOL

PAR

Emmanuel CONTAMINE DE LATOUR

Membre des Académies Royales de Séville et de Barcelone, Professeur
à l'École des Hautes Études Commerciales

BAGNÈRES-DE-BIGORRE
IMPRIMERIE DOMINIQUE BÉROT
—
1891

UNE EXCURSION

AUX GROTTES ET CAVERNES

DE MONTSERRAT

PAR

Victor BALAGUER

MEMBRE DE L'ACADÉMIE ROYALE ESPAGNOLE

TRADUIT DE L'ESPAGNOL

PAR

Emmanuel CONTAMINE DE LATOUR

Membre correspondant des Académies royales de Séville et de Barcelone
Professeur à l'École des Hautes Études Commerciales

UNE EXCURSION

AUX CAVERNES DE MONTSERRAT

I

Le but de notre voyage

Quand l'idée me vint — il y a juste un an et demi — d'écrire l'histoire de Montserrat, mon premier soin fut de faire un voyage à son célèbre monastère, afin d'y rechercher toutes les dates et les moindres détails qui pourraient servir à la confection de mon ouvrage.

Je causai longuement avec quelques solitaires de la Thébaïde catalane, je m'enquis, j'interrogeai, je recherchai, et je me rappelle que dans une conversation tenue avec le R. P. Blanch où je lui exposai mon intention de visiter les cavernes, ce vieillard aux cheveux d'argent et au visage patriarcal à qui la mort a dernièrement ouvert les portes du ciel, me demanda de quelles cavernes je voulais parler.

— Je ne sais pas, lui répondis-je, mais elles m'ont été citées comme une merveille par une personne dont le nom m'échappe.

Le vénérable religieux fit un geste d'incrédulité.

— J'ignore ce que vous me dites; l'existence de ces grottes m'est complètement inconnue.

Alors j'appelai ma mémoire à mon secours, je fis des efforts pour recueillir mes idées embrouillées et me rappeler davantage celui qui m'avait indiqué ces grottes comme existant dans la montagne du côté de Collbato.

— Ah ! s'écria tout-à-coup le père Blanch, maintenant j'y suis ; on a du vous parler d'un trou servant d'ouverture à la caverne placée au sud-ouest de la montagne, près du bourg de Collbato, et je me souviens vaguement d'avoir entendu raconter qu'au commencement de ce siècle où à la fin du précédent, un magistrat de Barcelone y pénétra avec son guide ; et ses deux hommes, après y être restés quelques heures, sortirent frappés par la grandeur majestueuse de ce lieu. Cependant il se pourrait que tout cela ne fut qu'une fable inventée à plaisir. Ce religieux octogénaire, ne put m'en dire davantage.

— L'idée de l'existence de ces grottes merveilleuses, s'empara de mon esprit avec une nouvelle force ; j'en parlai à plusieurs personnes, entre autres, aux guides qui m'accompagnaient, aux ermites qui parcouraient la montagne avec moi et paraissaient en connaître tous les recoins ; mais aucun ne put me renseigner ; au contraire, il y en eut qui se moquèrent de moi et me rirent au nez.

Je n'abandonnai point pour cela mes recherches. Plus je rencontrais d'obstacles, plus je m'obstinais ; hélas, ce fut en vain, car je me vis obligé de me contenter de savoir..... que je n'apprendrais rien.

A mon retour du monastère, je m'arrêtai dans l'établissement balnéaire de la Puda, où je me liai d'amitié avec le digne médecin directeur de ces eaux thermales, Don Manuel Armis, lequel donnait aussi ses soins aux religieux du monastère de Montserrat, dont il est très enthousiaste. Je lui parlai de mon idée favorite d'alors, c'est-à-dire des grottes, et j'eus enfin le bonheur de voir qu'elles ne lui étaient pas complètement inconnues.

Armis m'assura non seulement leur existence et de leur grandeur prodigieuse, mais il me fit part de l'intention qu'il avait eue autrefois de les explorer en compagnie du baron de Abella et du chroniqueur catalan Don Pablo Pifferer. Malheureusement l'excursion ne put avoir lieu à l'époque fixée par les trois voyageurs. Le baron de Abella, brave patriote, avait été fusillé par les hordes de Cabrera ; Pifferer, l'illustre écrivain, était mort victime de la maladie qui le conduisit au tombeau après une cruelle agonie ; quant à l'ami Armis, lui-même, luttant contre la mort, en proie à un mal terrible dont il sortit vainqueur grâce à Dieu.

— Eh bien, mon ami — lui dis-je — le fatal dénouement qu'a eu le projet de votre excursion vous empêche-t-il de la projeter de nouveau ?

— En aucune façon.

— Alors je vous invite à me montrer le chemin, pour qu'il nous soit plus facile de recueillir le legs, que semblent nous avoir fait Piferrer et le baron de Abella.

A nous deux nous ferons ce que nous aurions fait à trois.

J'avoue humblement qu'après cette conversation, le souvenir des grottes disparut bientôt de ma pensée.

Hélas !... ce fait n'était pas rare chez nous autres, pauvres laboureurs du champ littéraire, dont les sillons sont constamment arrosés des gouttes de sueur de notre esprit ; chez nous, pauvres poètes, dont le cœur est implacablement déchiré par ce cruel vautour nommé « LA PRESSE » ; chez nous enfin, qui vivons dans cette atmosphère de plomb, succombant, comme des simples ouvriers, sous le poids de notre tâche quotidienne, sans jamais pouvoir caresser la réalité d'un songe poétique.

Ce discours signifie que mon projet mourut étouffé au milieu des luttes, des combats continuels et journaliers où se trouvent toujours poussés les écrivains ; nous sommes encore heureux si nous pouvons au moins sauver notre conscience, comme François I sauva son honneur à la bataille de Pavie.

Or, l'oubli de dix-huit mois flottait sur mon excursion projetée, quand, il y a huit ou dix jours, je vis entrer Armis dans mon cabinet de travail, accompagné d'un de nos amis récemment arrivé de Londres.

— Vous rappelez-vous — me dit-il — la conversation que nous eûmes un jour touchant une excursion dans la montagne de Montserrat.

— Oui, lui répondis-je.

Et, j'allais m'excuser du peu d'empressement que j'avais apporté à l'exécution de notre entreprise, quand, sans me laisser le temps d'ajouter un mot,

C'est bien, — poursuivit-il, faites-moi le plaisir d'écouter le récit de Monsieur.

Notre ami, prit alors la parole et me raconta quelque chose d'inouï, dont voici le résumé :

Il se trouvait à Lourdes, où il fit la connaissance d'un Anglais qui habitait le même hôtel. Cet Anglais, fort expert en matière scientifique et surtout en géologie, ayant appris que notre ami était Catalan lui fit un jour :

— Oh !... plus tard, j'irai vous voir dans votre pays, car j'ai un vif désir de visiter la Catalogne et de faire une ascension à Montserrat.

— Comment ! s'écria notre ami, cette montagne sera-t-elle connue ici ?

— Non seulement elle est connue, mais elle a ici une grande renommée pour ses cavernes à stalactites, ses célèbres cavernes éblouissantes.

— Ses cavernes à stalactites, dit notre ami surpris, en regardant l'Anglais, Montserrat n'a pas de semblables grottes.

— Si, il les a, magnifiques et splendides.

— Mon ami, votre idée est fausse ; encore une fois, à Montserrat, il n'y a rien de ce que vous dites.

— Pardon !... je suis sûr du contraire.

— Nous le saurions ! — lui dis-je — car il serait extraordinaire que des Anglais connussent, à Montserrat, des merveilles ignorées des Catalans.

Le gentleman devint sérieux comme tout Anglais contredit.

— Venez avec moi — dit-il vivement.

— Où ?

— Venez vous dis-je, accordez-moi cette faveur.

Notre ami le suivit, et ils se dirigèrent vers la boutique d'un marchand d'estampes dans laquelle ils entrèrent. L'Anglais se fit apporter plusieurs cartons où il retourna une quantité de gravures jusqu'à ce qu'il eût trouvé celle qu'il cherchait.

— Regardez ceci — dit l'Anglais triomphant en présentant une estampe à notre ami.

Celui-ci resta stupéfait.

La gravure représentait l'intérieur d'une grotte ; d'un côté l'on voyait d'imposantes masses de rochers se détachant de l'ombre, tandis que l'autre côté offrait à l'œil d'ingénieuses colonnes de stalagmites illuminées par des torches que deux ou trois personnes portaient à la main ; ces colonnes, précieuses, sveltes, étincelantes, admirables, formaient de délicates pyramides granitiques ; capricieuses et originales, elles présentaient l'aspect le plus curieux et le plus bizarre ; dans le fond, un homme gravissait une corde à nœuds, et semblait près d'atteindre un trou béant, plein d'obscurité et de ténèbres. L'estampe datée du siècle dernier portait cette inscription, écrite en Anglais :

Caverne des stalactites à Montsarrat (Catalogne).

Tel avait été le récit narré d'abord à Arnus ; il pria notre ami de me le raconter : celui-ci le fit avec joie en ayant soin de me mettre entre les mains la même gravure que l'Anglais lui avait mise sous les yeux pour le tirer de son ignorance.

Cette histoire m'étonna beaucoup ; mais elle produisit sur Armis un effet plus grand encore ; elle le mit en colère, en rage : c'est qu'Armis est Espagnol et surtout Catalan.

— Que pensez-vous de cela ? lui dis-je, après le départ de notre ami.

Je pense — me répondit-il — que c'est une honte pour nous, Catalans, vivant au pied de Montserrat, d'ignorer ce que des étrangers connaissent, et chaque jour, des gravures reproduisent des chefs-d'œuvre que nous n'avons jamais vus en réalité !

— Je pense de même, ajoutai-je alors ; aussi, sans plus tarder nous devons, quoi qu'il en coûte entreprendre cette excursion, et je vous jure, que si les Anglais ont bravé tout péril dans les grottes, nous devons aller pour notre honneur, au-delà même du danger en recherchant les parties les plus souterraines.

Dès ce moment, la date de l'excursion fut fixée ; nous nous réservions d'inviter quelques amis à nous suivre.

Pendant les jours qui précédèrent le signal du départ, nous expliquâmes à nos compagnons de route le but de notre exploration, sans leur cacher les risques à courir et le devoir que nous nous faisions de nous négliger nous-mêmes pour trouver la grotte découverte par les Anglais, et même davantage ; en un mot, nous

nous montrions prêts à nous sacrifier pour vaincre le danger, décidés à affronter tous les obstacles, afin de laisser en ce lieu l'honneur du drapeau national.

Quand nous fûmes tous d'accord nous nous divisâmes en deux parties; la première se mit en route le mercredi matin 3 mars et devait attendre la seconde à Collbató.

La deuxième composée de sept personnes devait partir au point du jour le jeudi 4.

Dans l'autre chapitre, je vous dirai quels étaient ces sept personnages, et comment ils effectuèrent le voyage.

Mars 1852.

II

Les sept personnages

Le jeudi, deux heures du matin sonnaient — heures pendant lesquelles les rues de Barcelone ne sont parcourues que par les veilleurs de nuit, les amants et les oiseaux nocturnes — quand sept camarades et bons compagnons, unis les uns aux autres par le lien d'une vieille amitié fraternelle, arrivèrent à la grille qui ferme la cour de l'ex-couvent des Augustins.

De ce point partent tous les véhicules qui conduisent les voyageurs pour une modique somme jusqu'à Esparraguera, ville dont le nom dérive de ab esparrago; cette contrée, oubliée depuis la ruine de son industrie si florissante jadis, fut aussi célèbre par la part active qu'elle prit à la guerre de l'Indépendance pendant la fameuse retraite de l'armée française cantonnée dans les gorges de Bruch.

Tous les sept, après avoir passé la soirée le plus agréablement du monde, — soirée qu'aucun de nous n'oubliera de longtemps — nous attendions le moment de monter en voiture.

Là se trouvait J. de H..., l'indolent poète, grelotant de froid sous ses trois cabans et son double burnous; près de lui T..., ce jeune paysagiste à qui la vocation naturelle et l'amour exclusif de son art réservent un brillant avenir; ensuite M. de O..., cet autre poète

à l'imagination enthousiaste qui comme Garcilaso laissa un jour
la muse pour l'épée, et comme Ercilla laissera un jour l'épée pour
la muse ; I. de O..., avec sa grande sérénité et sa gravité philoso-
phique ; F. O..., portant en bandoulière son nécessaire de voyage
dans lequel il gardait la boussole et les thermomètres ; enfin A. de
R..., notre joyeux et intrépide camarade qui pour le moment
déployait son activité à surveiller un panier placé dans un coin.

Ce panier figurera toujours dignement dans nos souvenirs de
voyage.

C'est que R... est un homme réfléchi et avisé. Il avait judicieu-
sement pensé que dans un voyage le chemin parait plus agréable
quand on a sous sa main de quoi distraire l'estomac ; donc, autant
pour ce motif que pour l'hygiène, le résultat de ses réflexions
l'avait conduit à écrire à Colmado, pour que celui-ci lui fit parvenir une bouteille de Xérès et un panier contenant quelques frian-
dises.

Colmado qui comprend les choses, et sait satisfaire un homme
de goût, lui envoya effectivement un panier, mais au lieu des deux
ou trois babioles demandées il s'en trouvait une quinzaine : pâtés,
biscuits, conserves, etc. Quant au vin, pour une bouteille demandée
il en avait envoyé quatre ou cinq.

En voyant arriver Alonso accompagné d'un domestique courbé
sous le poids du panier, nous jetâmes tous un cri d'horreur et de
nombreuses récriminations s'élevèrent surtout au sujet du Xérès.

Il les écouta avec un flegme admirable.

— Messieurs — nous dit-il — n'allons-nous pas explorer des
cavernes ? — Oui.

— Alors, vous bénirez peut-être ce que vous méprisez maintenant.

Il avait raison, les circonstances se chargèrent de faire de ses
paroles la réalité même.

Lecteurs, pardonnez-moi, si je vous mets en relation avec mes
compagnons de voyage, et vous, chers compagnons, excusez-moi
si je vous présente à mes lecteurs. Je dois agir ainsi. Notre excursion a un cachet particulier ; tous les journaux en ont parlé ; aussi
mon récit serait-il incomplet si je ne citais pas certains noms.
Quand tout Barcelone s'est occupé de nous, quand tous les jour-

nalistes nous ont prodigué les paroles les plus élogieuses, garder le silence sur mes camarades serait prétendre leur retirer la gloire qui appartient de droit à chacun. Je n'admets pas cette façon d'agir. Plusieurs faits principaux sont étroitement liés à mes amis ; je dois ou bien les passer sous silence, ou bien citer les personnages à l'aide desquels ils se sont accomplis. Si j'agissais autrement, mon œuvre serait toujours un tableau — je ne dis pas non, — mais le cadre manquerait toujours.

Cette réserve faite, je continue.

Nous cheminons depuis plus d'une heure déjà à la lueur d'une belle lune, qui inondait l'intérieur de la voiture en y laissant pénétrer cette vague et poétique clarté si aimée des poètes et des rêveurs. T..., le peintre, contemplait par le vasistas le ciel semé d'étoiles où se profilaient de magnifiques panoramas, des paysages enchanteurs qui disparaissaient avec la rapidité de l'éclair ; Joaquin de H..., enfui dans ses cabanes grommelait contre les vasistas ouverts, contre les artistes en général, et en particulier contre les admirateurs de la nature à la clarté de la lune pendant les nuits froides ; Alonso placé dans un coin faisait entendre certains bruits de mâchoire qui remue, et laissait à supposer que le contenu du panier n'était pas intact ; Maximo parlait de proposer — quand il serait député — une loi contre les conducteurs de diligences qui s'obstinent à placer six personnes là où quatre tiendraient à peine : les autres se taisaient, et en conscience je crois que nous dormions.

Depuis une heure environ personne ne parlait, quand, tout à coup Alonso dit vivement : — Je demande la parole.

— Messieurs, Messieurs, je demande la parole — répéta-t-il en criant et dominant de sa voix le bruit de la voiture.

Nous nous retournâmes tous vers lui, Joaquin de H... qui sortit sa tête d'entre ses burnous, comme le colimaçon sort la sienne de sa coquille.

— Que lui arrive-t-il ? — murmura Maximo.

— Messieurs, je vous répète que je demande la parole pour faire une proposition utile — s'écria Alonso.

— Mais personne ne te la refuse — lui dis-je.

— Donc, Messieurs, puisque l'exercice selon les médecins, ouvre l'appétit, et voilà deux heures que nous trottons en désespérés, je suis d'avis que nous prenions des forces pour poursuivre notre route ; de plus en ouvrant une des boîtes de Colmado, nous ferons honneur à sa science culinaire.

La proposition fut acceptée à l'unanimité.

R...., avait fort bien dit ; deux heures s'étaient écoulées depuis que nous trottions, car dans les véhicules d'Esparraguera on ne peut faire autre chose. A chaque chaos, nous allions donner de la tête au plafond pour retomber ensuite sur des banquettes de bois fort dures.

Alonso tira son joli couteau à manche d'ivoire, qui représentait une Vénus de Médecis ; il lui avait été offert dans un de ses voyages par une charmante vénitienne. Ce cadeau rappelle toute une histoire qu'il racontera sans doute un jour.

Avec ce couteau nous ouvrîmes une boîte de conserves, et jamais sardines marinées ne parurent plus savoureuses à des voyageurs affamés. S'il n'eût tenu qu'à nous, volontiers Colmado en aurait eu tout le privilège. Seul, Joaquin ne prit pas part à notre collation par paresse à sortir de ses cabans.

En arrivant à Esparraguera nous l'arrachâmes de la voiture et de son sommeil à peine interrompu ; il avait dormi sur ce mauvais siège aussi bien qu'un sybarite dans son lit moelleux.

A la porte de l'hôtel où nous descendîmes nous attendait l'omnibus, envoyé par nos compagnons du premier groupe.

Cet omnibus devait nous conduire jusqu'à Collbató où nous étions attendus par quelques religieux du monastère destinés à être nos compagnons de route ce jour-là, ainsi que par plusieurs amis, entre autres, Lorenzalé, peintre de talent, qui est parvenu à se créer, à l'aide du pinceau une réputation des plus méritées et Inglada, véritable artiste, qui, lui aussi, a su trouver le secret de faire des merveilles avec le crayon.

— Ne perdons pas de temps en voiture — dis-je en ouvrant la portière du véhicule.

— Doucement — s'écria Alonso — nous devons d'abord déjeuner.

— Comment déjeuner ! il y a juste deux heures que nous mangeons.

Et je lui montrai le panier à moitié vide.

— Ce goûter nous a aidé à supporter courageusement le trajet jusqu'ici ; maintenant il est nécessaire de prendre des forces pour aller de Esparraguera à Collbató.

Ignacio de O... et moi fîmes de vaines instances ; tous étaient de l'avis d'Alonso.

— Une fois là-bas — me dit celui-ci. — N'allons-nous pas explorer des cavernes ?

— Oui.

— Donc, laissez-nous d'abord rassasier nos estomacs en apaisant notre faim. Croyez-moi, les choses varient d'aspect selon la disposition particulière de l'observateur ; telle chose qui semble admirable après un bon repas, et peut paraître détestable quand on a besoin de manger.

Je me laisse facilement convaincre par les bonnes raisons ; celles d'Alonso me parurent une preuve *sine qua non* ; en outre Ignacio, mon unique appui, malgré toute sa philosophie s'était rangé du côté des autres, je fis de même et allai m'asseoir à table.

— Ingrat ! ne nous abandonnais-tu pas dans le moment du péril ? me dit Joaquin en me voyant entrer dans la salle à manger de l'hôtel.

Le déjeuner qu'Alonso avait abandonné au bon goût de l'hôtesse — l'avertissant seulement que nous étions des gens délicats, aimant la variété des mets — consista en une soupe aux œufs, des œufs en omelette, des œufs sur le plat et des œufs à la coque.

Nous nous regardions les uns les autres.

— Ma foi — dit Maximó — si les cavernes ne sont qu'un simple trou de lézard ; après un déjeuner comme celui-ci, la fête ne manquera pas de pittoresque.

— Messieurs — dit Joaquin — ce succulent déjeuner m'a bien rassasié et m'a donné des forces.....

— Pour achever la route — interrompit Federico en se levant et croyant avoir deviné sa pensée.

— Pour aller au lit — reprit Joaquin.

— Au lit !

— Certainement, si je n'ai pas dormi je ne suis bon à rien, c'est donc, selon moi, ce que j'ai de mieux à faire. Il fait très froid pour aller aux cavernes, et si l'on doit encore marcher longtemps !...

Elles sont à un pas de Collbató.

— Eh bien ; ce pas, si court soit-il, je l'ai en horreur, et, si je dois le faire à pied, ce sera toujours un mauvais pas.

— La grotte est merveilleuse.

— Mon rêve aussi sera merveilleux.

— Il y a beaucoup à voir.

— Vous me le raconterez, et je me ferai un plaisir de vous entendre.

Ne pouvant le dissuader nous l'emportâmes dans la voiture, il protesta contre une telle violence ; mais une fois casé, sa paresse l'empêcha de descendre. Nous y comptions bien.

Une demi-heure après nous étions à Collbató.

Nos amis au lieu de nous y attendre, avaient été se placer à l'entrée de la grotte où devaient les retrouver les trois religieux de Montserrat.

— Ne serait-il pas bon de prendre un rafraîchissement me dit Alonso à la porte de l'hôtel de Collbató.

— Laisse-nous tranquilles.

— C'est que.......

— Le déjeûner est servi pour tout le monde, sur la grotte — dit l'aubergiste qui avait entendu ce que me disait mon ami.

— Alors c'est différend.

Nous remplîmes de Xérés plusieurs bouteilles ; les ayant mises en sautoir, nous prîmes le chemin indiqué.

A peine étions-nous éloignés du bourg d'une portée de fusil que nous vîmes un homme accourir vers nous à toute vitesse. Il venait en sens inverse et en me voyant il s'approcha.

— Qu'apportez-vous ? lui demandai-je.

— Cette lettre.

— Messieurs, j'augure quelque chose — dis-je, cette lettre vient de nos amis ; elle est écrite au crayon. Elle venait en effet d'un de ceux qui étaient partis dans le premier groupe.

Tous m'entourèrent, j'ouvris la lettre et lus ce qui suit :

« Je vous écris du pays des oiseaux, au milieu des plus grands dangers. Croyez-moi, si vous et vos compagnons tenez à votre vie, ne montez pas, renoncez généreusement à explorer les cavernes, on y court un immense danger ; si toutefois vous persistez dans votre première idée, quittez vos chaussures et munissez-vous d'espadrilles.

« Passage des Pieux, 8 heures 10. »

— Oh ! oh ! — dit Maximo — dès que j'eus achevé la lecture, ceci change de face ; il y a danger, et danger de perdre la vie ; il serait prudent de ne pas y aller. Moi je croyais que les grottes étaient de plain-pied.

— Et qu'on pouvait y aller en voiture, n'est-ce pas ? — lui répondis-je.

— Au moins à cheval.

— Qui a peur ? En avant ! — s'écria Alonso.

— Doucement — s'empressa d'ajouter Maximó — le message que nous venons de recevoir donne à réfléchir ; par conséquent je demande un conseil.

— Allons pour le conseil !...

Et aussitôt nous formâmes un cercle dont le centre fut occupé par l'orateur.

III

Le passage des Pieux

Maximó nous tint à peu près ce discours :

— Je suis un homme prudent et vous, vous êtes des fous, j'ai du jugement et vous en manquez, enfin si vous ne faites aucun cas de votre vie, moi je tiens à la mienne. Ne croyez pas pour cela que je refuse de me joindre à vous, au contraire, si nous nous décidons je serai le premier à marcher en avant, mais je vous conseille d'agir avec prudence, non avec témérité, avec calme et sans précipitation. Que chacun donne son avis. Qui demande la parole ?

Moi — dit Alonso — et c'est simplement pour dire, que comme le déjeuner sera arrivé, j'opine pour aller en avant.

— En avant ! dirent deux ou trois voix.

Messieurs — m'écriai-je — si le danger existe, les Anglais l'ont bravé. En avant !

— Tous alors répétèrent : en avant !...

Qu'Alonso me pardonne, mais je crois que mon observation plus que la sienne entraînera l'unanimité des voix.

Cependant il ne manqua pas de demander au porteur de la lettre, si le danger existait réellement.

Allons donc, répondit le bonhomme avec un sourire qui démentait presque ses paroles, c'est un terrain semblable à celui de la Rembla de Barcelone.

— Si c'est comme la Rembla nous aurions pu y aller en voiture. — Le guide prit un étroit sentier et nous le suivîmes l'un derrière l'autre.

Montserrat, la colossale montagne si aimée des Catalans, se dessinait vaguement à l'horizon et semblait venir vers nous. Les rayons du soleil en resplendissant sur ses cimes audacieuses, déchiraient le manteau de brume formé par les vapeurs du matin. Bientôt le dernier voile de brouillard s'évapora dans l'air, comme la Dame blanche d'Avenel aux yeux d'Albert étonné ; alors la montagne, avec ses sommets dentelés et ses rochers escarpés, se détacha majestueusement sous la voûte d'azur qui ressemblait à un dais tendu sur sa tête.

Je ne sais pas, mais je crois qu'à tout voyageur, Montserrat doit produire la même impression, plus profonde encore s'il est Catalan. Quand un touriste approche de cette masse immense, qui est restée impassible en voyant les siècles se succéder et les tempêtes s'abattre furieuses sur elle ; de cette montagne aux mystérieuses traditions, aux poétiques ballades et aux chrétiennes légendes, une émotion indéfinissable s'empare de tout son être et l'oblige à saluer avec respect ce superbe colosse qui, un pied dans l'abîme, s'élève orgueilleusement en déployant l'arrogance d'une sauvage et séculaire beauté.

C'est que nulle part on ne pense et on ne croit comme au pied de Montserrat. Là parmi ces rocs informes, entre ces cimes pyramidales repose l'histoire des siècles écoulés, et dans le suaire où ces siècles sont ensevelis, se trouve gravée la foi jeune et vive, la foi sacrée de nos pères.

Ce sont ces mêmes rochers qui s'entrouvrirent de douleur le jour où le Messie sur la croix exhala son dernier soupir, soupir profond qui devait trouver un écho dans l'univers; ces cavités ont entendu résonner dans leur sein les trompettes guerrières appelant les armées de Wifredo à combattre les Maures; enfin ces cimes ont vu passer l'un après l'autre, toute une série de rois qui allaient pieusement implorer le secours de la Vierge pour le succès de leurs entreprises; les échos endormis de cette montagne, réveillés chaque jour par le son des cloches du monastère, forment en s'unissant aux voix des religieux, un hymne divin louant sans cesse les bienfaits du Seigneur.

Le roi, le guerrier, le pélerin et le voyageur sont venus là, et y ont prié.

Montserrat est la station sainte de notre voyage en Catalogne. Salut, salut à Montserrat!

Depuis un bon moment nous gravissions une côte pénible, le chemin devenait de plus en plus difficile; par instants c'est à peine si nous pouvions trouver un endroit où placer le pied avec assurance; tout-à-coup le sentier que nous suivions fit un brusque détour et nous nous trouvâmes en présence de rochers aux pics hérissés; aucun sentier, aucun passage, aucun chemin; devant nous une muraille de rocs.

— Et maintenant? — demandâmes-nous au guide.

— Il faut escalader ces masses; suivez-moi en m'imitant — nous répondit-il.

Et il commença à sauter sur les rochers avec une légèreté incroyable, nous l'imitâmes plus lourdement en faisant souvent usage de nos genoux et de nos mains.

Nous marchâmes ainsi pendant un quart d'heure environ avant d'atteindre une espèce de plate-forme.

Là nous nous arrêtâmes atterrés.

Un panorama effrayant à force de grandeur se développa à nos yeux, comme au théâtre, à un signal donné, surgit devant le spectateur un tableau féérique.

L'éminence que nous occupions dominait une vaste étendue.

A nos pieds s'ouvrait un horrible précipice donnant le vertige rien qu'à le regarder, et au fond duquel de longues chaînes de roches présentaient l'aspect d'une plaine accidentée et tâchetée comme la peau d'un gigantesque léopard ; à notre droite toujours le même vide d'où jaillissaient les pointes des rochers qui y gisent ; à notre gauche, inclinée sur l'abîme, s'élevait une de ces gigantesques murailles de granit servant de liens à Montserrat et dont les cimes paraissent inaccessibles aux pieds de l'homme ; au-dessus de nos têtes voltigeaient quelques oiseaux, étonnés peut-être de voir des êtres humains gravir ces régions aériennes où ils règnent en maîtres.

— Cela est beau — dit une voix parmi nous.

— C'est horrible ! lui répondit une autre.

Et sans doute la seconde avait raison, car la première ne se défendit pas et aucune autre ne s'éleva pour la soutenir.

Nous étions brisés de gravir ces rochers à genoux, la sueur coulait de nos fronts et bien que ce fut une fraîche matinée de mars les rayons du soleil nous paraissaient être de feu.

Joaquin retira un de ses cabans, moi mon capuchon, et les autres quittèrent aussi quelques habits qui furent déposés sur un rocher sous la garde d'un de nos guides.

Ensuite nous bûmes une gorgée de Xérès qui ranima nos forces.

Notre guide, nous donnant l'exemple, s'était déjà aventuré sur un chemin incliné, étroit, glissant et sans aucun appui qui pût le retenir si malheureusement le pied était venu à lui manquer.

Nous le suivîmes sans trembler, mais en fermant les yeux pour ne pas voir l'affreux gouffre au-dessus duquel nous passions.

Parfois nous nous cramponnions des genoux et des mains pour grimper le long de ses roches dont les fentes formaient un escalier.

Arrivés au bout de cette montée, nous nous croyions à la fin de notre voyage. Hélas ! nous le commencions.

— Nous allons entrer dans le passage des Pieux, dit le guide en nous montrant une corde.

Cette corde pleine de nœuds que nous apercevions était faite d'une sorte de jonc et placée au-dessus de l'abîme.

En le voyant le plus intrépide trembla sur ses jambes.

Il fallait monter le long de cette corde sans le secours de personne pour atteindre une roche lisse et unie qui se présentait au sommet.

Nous nous regardions cherchant mutuellement du courage l'un chez l'autre.

Máximo se retourna vers le guide qu'il interpella ainsi :

— Et vous disiez que c'était comme la Rambla?

— C'est une manière de dire.

— Eh bien, mon cher, vous avez une façon de parler que le diable seul peut vous comprendre.

Pédérico, le premier, saisit la corde à l'effroi de tous, son corps se balança dans l'air tant que dura la montée.

Une fois l'exemple donné le reste n'était plus rien.

Alonso le suivit, balança aussi son corps dans l'espace, mais il ne gravit pas la corde jsqu'au bout ; arrivé au milieu, il pensa qu'un chemin serait plus facile s'il parvenait à se le frayer sur une masse de rochers qui s'avançait comme la proue d'un navire ; il lâcha donc la corde et s'accrocha au roc qui céda sous ses doigts crispés. Real glissa tout le long de la corde qui trembla sous cette secousse inusitée ; il se soutenait seulement de la main gauche, ce fut un moment terrible et je me souviens qu'un cri d'angoisse vint expirer sur mes lèvres.

Cependant la corde ne se détacha pas et Alonso du Real put cette fois en atteindre l'extrémité. Là, il se retourna pour regarder l'abime où il avait failli être précipité, et avec un calme qui faisait peur, il dit :

En effet, l'omnibus n'aurait pu passer ici.

Personne ne rit de cette charge.

Ensuite Joaquin entreprit l'ascension devenue plus périlleuse encore pour nous, depuis qu'Alonso avait manqué d'y mourir. C'était un plaisir de voir Joaquin au moment du danger, lui, si paresseux d'habitude, déployait une activité extraordinaire.

Peu à peu nous fûmes tous placés sur cette échelle. Malheur ! malheur alors si la corde eût cédé sous le poids de nos corps ou si un vertige nous l'eût fait lâcher ; car elle était l'ancre unique de notre salut.

Ce n'était plus seulement la sueur qui coulait de notre front, le sang jaillissait de nos mains.

Nous arrivâmes pâles, rompus, ensanglantés.

De là je voulus, comme Alonso, me retourner pour regarder le précipice ; mais je fis un pas en arrière, et je suis sûr que mon visage se couvrit d'une pâleur mortelle ; l'horrible abîme semblait avoir grandi de mille pieds en profondeur. Une main me toucha l'épaule, c'était celle d'Ignacio de O..., qui me signalait une masse énorme après laquelle était attachée la corde qui avait supporté le poids de nos corps. Ignacio ne me dit rien ; mais il y a des instants où le silence est plus sublime que la parole, cette parole fût-elle de Jules César.

Il me fit signe de ne rien dire à nos compagnons, j'obéis, mais plus tard nous sûmes qu'ils avaient tous fait la même remarque, et que leurs cheveux s'étaient dressés sur leur tête en pensant à l'imprudence d'attacher une corde à un rocher qui, d'un moment à l'autre, aurait pu s'ébouler et faire perdre la vie à sept hommes.

Nous nous arrêtâmes un instant pour nous reposer et essuyer la sueur qui ruisselait sur notre visage.

Nous n'étions encore qu'à moitié chemin, c'était à croire que nous allions chercher un nid d'aigles et non une caverne.

Tout à coup, un coup de fusil retentit, puis deux, puis trois et plusieurs autres. C'étaient nos amis du premier groupe qui saluaient notre ascension d'une salve d'artillerie ; il est impossible de décrire l'effet produit par chaque coup de feu. La montagne frémissait sous ces détonations ; cent échos se répondaient l'un à l'autre et allaient mourir en s'évanouissant dans les profondeurs infinies de l'horizon, au milieu de cette mer de rochers qui de tous côtés montraient d'une manière sauvage leurs fantastiques et informes fantômes.

Ces coups de fusil, tout autant que le Xérès, servirent à nous donner des forces nouvelles. D'où ils étaient placés, nos amis nous regardaient monter, et ces spectateurs étaient un aiguillon muet pour notre amour propre ; nous tenions à leur montrer de la sérénité et du sang-froid.

Je crois que nous nous conduisîmes tous dignement.

A partir de cet instant, pour ma part du moins, une sorte d'orgueil s'empara de moi ; j'ignore encore par où j'ai passé, sur quoi mes pieds ont posé, et comment je suis arrivé ; je me rappelle seulement que je montai à une échelle de bois placée sur mon passage, que je me suspendis à une autre corde que mes mains rencontrèrent, enfin plus de dix fois je glissai dans une espèce de corridor en m'y tordant comme un serpent.

A quatre heures, nous avions rejoint ceux qui nous attendaient ; certains, parmi eux, nous étaient inconnus et cependant, bien que nous ne nous fussions jamais vus, nos mains se serrèrent dans une effusion cordiale comme si notre amitié avait existé depuis plusieurs années.

Quelques minutes plus tard, personne ne se souvenait plus du passage des Pieux, ainsi nommé dans le pays, je ne sais pourquoi, attendu qu'à ce nom on pourrait lui substituer celui de : passage de l'agonie. Passage terrible en effet, hérissé de périls, et selon la belle expression de Joaquin, n'ayant pour appui que des roches glissantes comme les écailles des poissons.

La caverne s'ouvre sur une roche coupée presque verticalement, et à la voir il semble incroyable que d'autres êtres que les oiseaux puissent arriver à elle. De cet endroit on découvre le plus magnifique panorama, le paysage le plus pittoresque, la plus belle et la plus riante perspective.

Je m'assis sur un roc et je jetai un regard sur ce splendide horizon qui se développait magique et séducteur à mes yeux en laissant pénétrer en moi cette sensation de beauté, comme sur la scène de nos grands théâtres se déploient posément et solennellement, — devant les regards absorbés de deux mille spectateurs, — les plaines immenses, les horizons infinis, les gracieuses savanes du Mississipi.

Un instant je fermai mes yeux fatigués de contempler tant de richesses et de beautés. Quand je les rouvris j'aperçus, étendu à mon côté un homme que je n'avais pas vu tout d'abord ; il paraissait dormir sous les rayons brûlants du soleil qui se jouaient sur lui ; sa visière était rabattue et cachant son visage, je reconnus cependant qu'il n'avait pas été avec nous et qu'il appartenait au premier groupe.

— Qui peut dormir ici ? — demandai-je.

— C'est moi, mais je ne dors pas — répondit une voix mélancolique en même temps qu'une main écartait la toile qui lui voilait le visage.

C'était Joaquin Catala, parti avec les premiers excursionnistes.

— Que fais-tu ici Joaquin ? repris-je.

— Je souffre.

— Es-tu malade ?

— Je crois que oui.

Et sa voix en prononçant ces derniers mots vibrait, empreinte d'un ton mélancolique, qu'en vain je prétendrais expliquer.

IV

Où l'Auteur sans être Géologue se livre à des réflexions Géologiques

Quand ma vue se fut récréée sur cette longue série de paysages déployant leur beauté encore agrandie par les rayons dorés du soleil; quand j'eus oublié mes fatigues pour ne penser qu'à recevoir au fond de mon âme toutes les impressions de joie et de doux plaisir qui se succèdent en ce lieu; et que mes poumons eurent absorbé l'air pur qu'on y respire, je m'acheminai vers la grotte éloignée de quelques pas seulement du site où je m'étais arrêté.

Quant au pauvre Catala, il resta à la même place triste et rêveur, laissant son pauvre corps se baigner sous les chauds rayons du soleil, de ce soleil hélas! qui devait lui sourire si peu de fois.

En approchant de la grotte, le bruit des voix, les cris et les conversations des excursionistes qui, de l'intérieur, parvenaient à mon oreille, produisaient un effet singulier.

On pénètre dans la grotte par un trou presque ovale qui serait assez élevé si un énorme roc n'en bouchait l'entrée, en laissant à sa droite un seul passage très étroit, et à sa partie supérieure une ouverture plus vaste, mais à laquelle on ne parvient qu'en escaladant la roche.

Je me glissai par le premier trou et restai pétrifié sur le seuil en présence du spectacle imposant qui s'offrit à ma vue. La lumière en pénétrant par ces deux ouvertures éclairait une sorte de pièce servant de vestibule à ce palais souterrain. Une sensation inconnue de terreur et de tristesse, cloua mes pieds sur le roc où j'étais, et qui dominait toute la scène.

Ce que je vis se refuse à la description.

C'était un chaos de granit. La voûte était formée de rocs immenses qui menaçaient de se détacher ; tandis que sur le sol des roches tombées gisaient dans un désordre épouvantable, ouvrant de profondes crevasses où dorment d'un sommeil éternel les beautés mystérieuses déposées par les siècles.

La faible clarté qui y pénètre l'illumine d'une manière fantastique, et sert à rendre plus graves, plus nobles et plus sublimes ces ténèbres étranges, sur lesquelles vacillent ces ondes de lumière dans l'immensité du vide.

Tout voyageur en arrivant à la grotte s'arrêtera comme moi immobile de stupeur.

Quel temple, quel monument, quel édifice, construit par ceux qui se vouent à l'art et à la civilisation, peut se comparer à ce vestibule grandiose développant au regard toute sa majesté, si grande, que l'œil, impuissant à la sonder, est obligé de s'abaisser.

Cette antichambre dans laquelle on descend en sautant de roc en roc, était occupée par les excursionistes groupés dans un angle élevé sur une plate-forme qui conservait d'anciennes traces de feu.

Ces messieurs parlaient des périls de leur ascension, se racontant comment quelques-uns du premier groupe avaient effectué leur montée, c'est-à-dire : non en grimpant après la corde. mais en s'y attach.... : deux seulement : Inglada et Lorenzale, guidés par l'irrésistible amour de l'art, poussés par cette curiosité qui vit au fond du cœur de l'artiste, comme la perle au fond de la coquille, étaient montés avant tous, sans aucun auxiliaire, affrontant le danger et méprisant le péril.

Par où avaient-ils passé ? Comment étaient-ils montés ? Personne ne le savait ni eux non plus ; vingt fois ils avaient rencontré l'ennemi, vingt fois ils l'avaient vaincu, ils arrivèrent ainsi jusqu'à la grotte où ils pénétrèrent en poussant un cri de stupeur ; dès lors, leurs maux, leurs fatigues furent oubliés, à contempler l'art dans toute sa splendeur et sa fierté sauvage.

Aussi pendant que plusieurs discouraient sur la plate-forme, eux, les deux vaillants génies armés de leurs baguettes magiques : pinceau et crayon, étaient allés dans un angle opposé dessiner sur leur album les capricieuses formes des roches.

D'un autre côté, Féderico Trias, profitant d'un effet de lumière, esquissait le splendide tableau qui s'offrait à nos yeux.

Alonso de R... et Joaquin de H... enveloppés dans des manteaux que leur avaient prêtés les guides, s'étaient arrêtés en face d'un groupe de roches, et inclinés sur une crevasse profonde ils y lançaient des pierres, rappelant ainsi ces intrépides Athéniens qui en descendant dans l'antre de Trophonius commençaient d'abord par jeter des gâteaux de miel aux serpents qui l'habitaient. La poésie étendait sur eux sa puissance. L'un avait oublié sa paresse traditionnelle, l'autre ne songeait plus au déjeuner ; tous les deux se trouvaient dans leur élément naturel : où était le péril ils étaient, et leur cœur était toujours prêt à s'ouvrir pour recevoir la poésie où elle se trouvait.

F... surveillait les préparatifs du déjeuner, et de temps en temps il envoyait un guide à la rencontre des religieux du monastère qu'on devait attendre à Collbató et sans lesquels nous ne voulions pas commencer notre excursion souterraine.

Je rejoignis mon ami Arnús et sans déranger personne nous parcourûmes les roches autant que nous le permettait la faible lueur du jour, nous livrant à des réflexions dont il serait nécessaire de faire connaître le résultat au lecteur. Je ferai seulement remarquer qu'il n'y a rien d'extraordinaire qu'Arnús et moi nous soyons décidés les premiers à parcourir l'entrée de la caverne, car tous deux nous aimons cette montagne au pied de laquelle nous sommes nés, où nous avons passé les riantes années de notre enfance et les jours heureux de notre jeunesse ; nous avons pour elle la tendresse idéale que tout homme a pour le pays qui l'a vu naître, où sa mère lui a appris à prier et où il espère mourir.

Nos observations ne furent donc que le corollaire des idées que notre imagination avait cent fois émises dans nos conversations ; et nous n'omettions jamais d'y parler de Montserrat. La simple étude de ce vestibule a suffi pour nous confirmer dans certaines suppositions formées par nous quelquefois et pour nous convaincre de la vérité des théories auxquelles nous nous étions arrêtés.

Les opinions des nationaux et des étrangers qui sont toutes contraversées sur la formation de Montserrat, n'avaient pas influé sur notre jugement, et toujours nous avions cru que cette montagne était entièrement creuse, nous appuyant sur cette preuve qu'immédiatement après les pluies diluviennes les plus abondantes l'eau ne se rencontre pas dans tout le mont, elle se dirige à Monistrol. Ce phénomène de la disparition de toute trace de pluie sur sa surface prouve la vérité de notre croyance d'une manière indiscutable.

Combien de fois celui qui a demandé asile au monastère durant une tempête peut assurer ce fait. Que de fois on a vu pleuvoir à verse, les torrents baisser rapidement et malgré cela la montagne rester sèche au bout de quelques heures (1).

La vue seule de ce grandiose et surprenant vestibule de la caverne — je le répète encore — a suffi pour nous confirmer dans notre opinion.

En outre, je ne suis pas de ceux qui prétendent que Montserrat ait été formé par un volcan, je regrette cette croyance, attendu qu'une semblable proposition serait un non sens scientifique.

Les cailloux accumulés dont elle est formée semblent avoir été réunis par les eaux qui autrefois ont couvert ce point ; s'il en était autrement, des vestiges se découvriraient comme dans les autres montagnes.

Etant donné l'état actuel de la science et la forme présente de la montagne, laquelle a sans doute été détériorée dans des cataclysmes antérieurs, on ne peut pas facilement découvrir son origine ; cette transformation constitue un mystère.

En supposant qu'elle a toujours été ce qu'elle est, si nous venons à réfléchir sur son affaissement continuel, sur la diminution successive de ses grottes, l'idée nous vient alors que Montserrat a été plus élevée et plus creuse, et cette même idée nous fait prévoir que dans les siècles futurs elle sera de moins en moins élevée et de plus en plus massive. Ces roches qui tombent des plus hauts points de la montagne laissent pendant quelque temps des traces bien évidentes de leur chute, les rocs dont les cavernes sont pavées ont été détachés des voûtes et démontrent clairement le changement perpétuel du colosse.

(1) Le plus grand écoulement peut être constaté dans la partie de Monistrol par un grand trou appelé dans le pays Fontaine Menteuse, — *Fuente Mentirosa*, — car elle coule seulement quelques jours après les grandes pluies.

Maintenant, cet aplanissement annoncerait-il la prépondérance de la force centripète sur les autres planètes? Serait-ce que la montagne comme un vieux corps sentirait tout son sang se centraliser dans son cœur? Ou les roches tombent-elles du sommet comme tombent les cheveux de la tête d'un vieillard.

Pour moi la cause physique et manifeste du morcellement de la montagne, c'est la force irrésistible de la dilatation de l'eau quand elle passe de l'état liquide à l'état solide.

Je m'explique. Mais avant, je demande pardon aux savants si simple poète, romancier et observateur des mystères du cœur, je me permets d'envahir le terrain de la science pour la première et l'unique fois, si j'ose m'aventurer à chercher des preuves scientifiques quand je puis tout au plus comprendre les profondes complications de l'âme.

Mais il y a des choses qui frappent les yeux du savant et ceux de l'artiste; elles parlent également à l'intelligence et au cœur, elles commandent à l'homme d'analyser ce qu'il croit.

Je vais donc prouver que cette attraction irrésistible est une exception aux lois générales de la nature; tous les corps augmentent de volume quand ils s'échauffent et inversement ils se contractent quand ils se refroidissent; l'eau seule fait exception, en se congelant, son volume augmente au lieu de diminuer, et voilà pourquoi les glaçons en prenant une plus grande extension peuvent surnager sur l'Océan. Fort heureux qu'il en soit ainsi; car, si l'eau en passant de l'état liquide à l'état solide se contractait comme les autres corps, les glaces se précipiteraient au fond des mers qui se congèleraient en une seule masse qu'aucune chaleur ne parviendrait à dissoudre et le règne animal des poissons serait détruit à jamais.

Admirable sagesse de Dieu.

Cette puissance d'extension que possède l'eau à l'état de glace est selon moi la force irrésistible qui détache les roches du sommet des montagnes, et les monceaux de granit de l'intérieur des grottes.

La réunion des roches de Montserrat forme des crevasses assez considérables; aussi par les temps de pluie et de froid, ces cavités, en recevant l'eau qui s'y congèle, se fendent par un effort invincible et tendent toujours à s'ouvrir davantage, puisque dans la suite elles contiendront une plus grande quantité d'eau. Les siècles arrivent et se succèdent et ces faits sans cesse répétés causent l'affaissement de la montagne, du sommet de laquelle se détachent les énormes rocs qui vont fréquemment rouler à ses pieds. C'est par un mécanisme semblable que s'éboulent les granits qui pavent les cavernes.

Cette théorie qui ne laisse pas d'être une simple théorie, perfectionnée par l'étude que nous venons de faire dans la grotte, peut paraître belle, magnifique, surprenante ; mais à côté se dresse le fait merveilleux, surnaturel et divin.

En observant l'intérieur de la grotte nous vîmes avec une admiration croissante que plusieurs roches avaient été détachées de la voûte en sens perpendiculaire ou oblique et contrairement au cordon de rocs vers lequel elles auraient dû se diriger tout au moins parallèlement.

Cette observation sur un fait presque contraire à la science, et d'un effet merveilleux, je l'avais déjà faite un jour en gravissant l'échelle de Jacob à l'antique ermitage de Sainte-Madeleine. En montant à cette plate forme par un des versants de la montagne nous vîmes à notre droite des rocs d'une étendue surprenante placés en un sens inverse de celui que la science reconnaît.

Et nulle part on ne peut mieux faire cette observation que dans le vestibule de la grotte.

Ce rare phénomène, serait-il fait pour nous montrer le côté merveilleux et miraculeux de cette Sainte Montagne ? Ces rocs en s'entr'ouvrant à la mort de l'homme Dieu, se séparèrent-ils d'une façon contre nature afin de laisser la trace de ce prodige toujours clair, évident et éternel ?

Arcanes du Seigneur qu'il faut respecter et admirer ; la science est impuissante devant la volonté divine. Si c'est la volonté de Dieu qui a donné à ces rocs une direction opposée, rien d'étrange alors que nous, pauvres vers de terre, ne puissions pas lire dans ces caractères granitiques, le langage sublime qui est au-dessus de la compréhension humaine et qui s'élève à la conception divine.

Livrés à ces réflexions, immobiles devant ces masses imposantes dont nous cherchions en vain à découvrir les secrets impénétrables, nous entendîmes la voix de nos compagnons qui nous appelaient.

Les religieux qui devaient nous accompagner étaient arrivés en compagnie du curé de Collbató.

Tous assis en cercle sur les pointes des rocs nous mangeâmes vivement le frugal repas qui nous attendait depuis un moment. Nous étions dévorés d'impatience et de curiosité de commencer notre excursion souterraine.

Une fois le déjeuner terminé je fis une liste des noms de ceux qui étaient présents. Nous étions juste quarante-six en comptant les guides et les domestiques.

On donna le signal du départ.

Un guide chargea sur ses épaules les échelles de corde et ce dont nous pouvions avoir besoin ; nous primes chacun une torche de résine, nous l'allumâmes sur le champ. Féderico prépara ses instruments de précision et les artistes se munirent de leur album.

Il y eut un moment de confusion ; tous voulaient marcher en tête. On se décida cependant à la satisfaction générale, c'est-à-dire à marcher en file l'un derrière l'autre, et nous commençâmes à parcourir ces roches glissantes et accidentées, nous dirigeant vers ces ténèbres épaisses qui apparaissaient dès l'abord de la deuxième grotte.

Il est impossible d'analyser les impressions éprouvées à ce moment-là.

Où allions-nous ? Qu'allions-nous voir ? Quel mystère de la nature allions-nous surprendre dans les entrailles de la terre ? Quelle œuvre de Dieu allions-nous trouver en déchirant pour un instant ce linceul de ténèbres ?

J'ignore si tous ressentirent le même besoin ; mais au bout de quarante pas je ne pus m'empêcher de jeter un regard en arrière pour saluer une dernière fois la lumière avant de m'enfouir dans le royaume des ombres.

Emotion prodigieuse ! Souvenir inoubliable ! L'ouverture de la grotte ne paraissait déjà plus qu'un simple filet d'argent, se détachant sur un fond noir comme se détache un écusson doré sur un drap mortuaire.

Cette faible clarté, bleuâtre, phosphorescente et triste, semblait me sourire et m'attirer ; c'était comme le souvenir du bonheur passé, souriant à l'homme quand il se trouve en présence d'un avenir sinistre ou sur le bord d'un abîme.

Encore un pas, la lumière va s'évanouir.

Nous fîmes ce pas, et la clarté disparut.

Désormais nous étions dans le royaume des ténèbres.

V

La Grotte de l'Espérance

Nous avancions toujours avec plus de difficulté ; c'est à peine si nous osions lever les yeux dans la crainte que nos pieds ne vinssent à glisser des roches sur lesquelles nous passions.

Je marchais en avant avec le chef des guides, homme âgé qui ne parcourait pas les cavernes pour la première fois.

Derrière moi venait Féderico, après lui Lorenzalo et à leur suite tous les excursionistes placés à la file l'un de l'autre comme une procession de fantômes. De temps en temps, à l'aide de nos torches enflammées, nous déchirions les ténèbres en y semant des lueurs fugitives qui donnaient à ce sombre espace l'apparence d'un voile parsemé d'étoiles étincelantes.

L'obscurité devenait de plus en plus profonde. Nous reconnaissions bien que nous étions dans une grotte immense ; mais quand à juger de son étendue et de son élévation, cela nous était impossible, attendu que les ténèbres ne se dissipaient pas en présence de toutes nos torches réunies, qui ne jetaient qu'une faible clarté.

Féderico, ce jeune enthousiaste à qui l'amour de la science aurait fait braver les plus grands périls, me communiquait ses observations.

Nous avons déjà dit que l'entrée de la grotte se trouve au S.-O. de la montagne au-dessus du bourg de Collbató. Cette entrée s'étend à droite dans la direction du S.-E. au N.-O. ; un croisement coupe l'entrée dans le sens de l'O. à l'E. et ce fut vers l'Est que nous nous dirigeâmes.

Les difficultés du terrain nous forçaient tantôt à descendre tantôt à monter, et certainement on ne peut se représenter un plus sombre spectacle, ni une scène plus fantastique.

Au milieu de cette nuit profonde, de cet océan de ténèbres, nos torches ressemblaient à des langues de feu dansant dans l'air et vacillant sur des ombres épaisses. L'esprit rempli de cette terreur que l'on ressent dans l'obscurité, chacun, obéissant à la voix secrète de ses propres émotions, jetait un regard autour de lui quand il était parvenu à gravir quelque éminence ; alors quel tableau splendide et imposant s'offrait à ses yeux, je parle de ce tableau que tous ne pouvaient peut-être pas juger avec le calme et la sérénité d'un cœur tranquille.

D'énormes fragments calcaires gisaient sur le sol dans un désordre épouvantable et, à la lueur vacillante de nos flambeaux, les rocs semblaient trembler et être sur le point de se détacher. De gigantesques pyramides de roches s'élevaient à notre côté, devant nous de grands trous s'ouvraient sous nos pas comme des gueules de monstres disposées à nous engloutir.

Tout se réunissait pour nous arrêter et nous faire regretter notre imprudente curiosité ; nos voix résonnaient lugubrement et l'écho les répétait d'une manière lamentable.

J'ai déjà fait remarquer que nous ne pouvions pas juger de l'effet général ; que nous allumions nos torches toutes à la fois ou l'une après l'autre, les ténèbres persistaient, elles luttaient comme si elles eussent su que nous étions là pour surprendre le secret de leur origine, et leurs beautés naturelles gardés avec soin dans les plis de leur suaire impalpable.

Voyant cela, nous nous décidâmes à allumer un des feux de bengale que nous avions préparés.

Les artistes indiquèrent un site élevé paraissant très bien situé pour l'exécution de notre projet ; aussitôt J. de H. et Ignacio de O. se séparèrent de nous et commencèrent à gravir courageusement les roches afin d'atteindre l'endroit indiqué.

Ce qu'ils allaient faire n'était pas exempt de périls ; ces deux téméraires s'aventuraient par des chemins inconnus semés de rocs sur lesquels ils devaient sauter, ces rocs qui n'avaient jamais supporté le moindre poids pouvaient céder sous la première pression venue et précipiter nos deux amis dans des précipices insondables ; l'un portait la torche dont ils s'étaient munis, et cette faible lumière, à mesure qu'elle s'éloignait, s'affaiblissait minute par minute, seconde par seconde.

De notre place nous les suivions du regard dans leur périlleuse montée ; la lumière, vacillant dans l'espace comme un feu-follet, voltigeant au milieu d'ombres épaisses, nous indiquait le lieu où ils passaient, par instants ils disparaissaient derrière un monceau de roches pour reparaître tout à coup sur le sommet, semblables à la lampe d'albâtre de Vesta, brûlant continuellement sur le marbre de l'autel sacré d'un temple païen.

Un moment nous ne les aperçumes plus ; ils étaient cachés par une grosse masse qui s'élevait isolée en forme de pyramide. Ce fut là qu'ils se décidèrent à allumer le feu.

Tous, nous eûmes un moment d'anxiété suprême, moment solennel où toutes les facultés de l'homme se rencontrent, moment comparable à celui où l'artiste se disposant à faire une œuvre prodigieuse voit que son rêve longtemps poursuivi, va être réalisé.

Un cri poussé par Joaquin nous annonça qu'on allait allumer le feu de bengale.

Le feu qu'ils enflammèrent était blanc.

Oh ! scène surprenante ! magique ! merveilleuse ! scène qui résiste au pinceau, et que la plume ne peut décrire.

Je ne sais et ne puis dire ce qui se passa en nous quand nous nous vînes enveloppés dans cette gerbe de radieuse lumière. Ce lieu qui jusqu'alors nous avait paru lugubre, ténébreux, nous apparaissait subitement gai, séducteur et admirable ; les ténèbres s'enfuirent miraculeusement, les roches se montrèrent dans toute la majesté de leurs formes, les colonnes de granit se profilèrent gigantesques et nous apparurent hérissées de pointes aiguës.

Pour nous, c'était une création fantastique jaillissant du sein de l'oubli au coup d'une baguette magique ; il nous semblait voir s'élever du sein de la terre ce Pandemonium que l'imagination de Milton fait naître comme une évocation du centre de l'abime, orné de pilastres dorés et étincelants de diamants.

Oh ! il serait difficile à celui qui a vu un tel prodige, de ne pas en garder le souvenir gravé dans sa mémoire.

Toutes ces roches paraissaient rajeunies en se sentant caressées par la lumière ; aussi dès qu'elles sortirent du chaos où elles étaient ensevelies depuis des siècles, elles semblèrent se regarder avec étonnement, tristes de se voir revêtues de tant de difformités qu'elles ignoraient, ne s'étant jamais vues à la lumière.

D'un côté nous vîmes des caves creusées dans le roc aussi vastes que les plus grands temples ; des nefs immenses s'élançant hardiment dans l'espace et d'énormes roches leur servant d'arceaux ; des colonnes merveilleusement sculptées, sans avoir jamais été taillées par le ciseau d'aucun artiste ; des pyramides de rochers enchâssées dans des cercles de granit ; enfin des roches, formées par la coagulation de l'eau, qui imitaient des corps humains dont les muscles de pierre semblaient se tordre en efforts désespérés pour supporter la charge de glace qu'elles soutenaient.

Plus loin nous vîmes réunies comme dans les mines d'une grande métropole — où le hasard les aurait peut-être laissées sur pied — des obélisques en filigrammes comparables à de vieilles tours couronnées de créneaux, et tout cela illuminé par le feu de bengale qui projetait une lumière blanche transparente, douce, suave et caressante comme un pâle rayon de lune ; *Joaquin*, debout sur un roc, coiffé d'un chapeau à larges bords, drapé dans une mante prêtée par un guide avait l'allure d'un bandit de la Calabre, contemplant impassible cette œuvre de destruction au-dessus d'un monceau de décombres. Dans cette attitude il était le vivant modèle de *Salvator Rosa*.

C'était un superbe panorama. Devant ce délirant coup d'œil, l'un de nous — je crois que c'était G., voyageur intrépide qui a parcouru la moitié du monde et a vu beaucoup de merveilles — en fut si étonné qu'il s'écria avec enthousiasme :

— Messieurs ! de l'espoir, du courage !

Nous devons beaucoup espérer puisque la première caverne est si prodigieuse. Je propose de lui donner le nom de : *Grotte de l'Espérance.*

— Oui, oui, *Grotte de l'Espérance* crièrent plus de vingt voix qui allèrent se perdre dans le vide.

Et comme si la lumière n'eût attendu que le baptême de la caverne pour s'éteindre, elle s'évanouit aussi vite qu'elle était apparue.

Nous fûmes de nouveau dans les ténèbres, mais cette fois elles étaient plus sombres, plus lugubres qu'auparavant.

Nous restâmes un moment absourdis comme si nous venions d'échapper à un rêve enchanteur.

Les quelques minutes qu'avait duré le feu avaient suffi pour nous montrer tout ce que nous avions à examiner dans cette première cave.

Dès que H. et C., furent descendus de leur roche, quelques-uns se dirigèrent vers la droite en laissant au même endroit le reste des excursionnistes.

Nous ne tardâmes pas à trouver un terrain où nous pûmes marcher plus aisément et nous pénétrâmes dans une galerie qui sans être indépendante de la *Grotte de l'Espérance*, en est pour ainsi dire séparée par une muraille de rocs s'élevant à la moitié de sa hauteur et formant une sorte de cloison.

Nous parcourûmes cette galerie dans laquelle nous commençâmes à rencontrer des stalactites ; mais de ces stalactites si difformes, si grosses et si pétrifiées que l'on reconnaissait de suite qu'elles avaient dû passer plusieurs siècles dans cette mystérieuse solitude ; à gauche on voyait diverses roches ressemblant à des ouvertures de jet d'eau dont les canaux usés avaient probablement transporté l'eau autrefois ; à droite les yeux étaient frappés par une multitude de masses bizarres parmi lesquelles certaines prenaient des apparences de formes humaines drapées dans de vieilles hardes.

Au bout de cette galerie il ne se trouve aucun passage ; après avoir lu les noms presque effacés des visiteurs, que la curiosité avait conduits jusque-là, nous dûmes rétrograder.

L'autre côté de la *Grotte de l'Espérance* offre plus de choses à voir.

Après avoir marché un bon moment à travers les rocs, on rencontre un passage étroit terminé par un trou élevé de soixante centimètres environ et où l'homme peut à peine passer.

Ce trou conduit à ce que les guides appellent *el camarin*, sorte de petit salon terminé par une jolie coupole ; sur les murailles quelques colonnes dessinées par un artiste sans talent, enfin ce lieu ressemble à une petite chapelle gothique.

De la voûte pendent de grosses stalactites retombant comme des grappes de raisin, tandis que d'autres s'inclinent en sens inverse.

Quand le voyageur a visité *el camarin* il rencontre de suite un nouvel obstacle à ses pieds, espèce de trou paraissant formé par les crevasses des roches ; alors, qu'il ne se décourage pas dès l'abord, qu'il y pénètre à la façon d'un serpent en ayant soin de ne pas lâcher la torche qu'il tient à la main.

Malgré les peines et les fatigues à subir, on s'y introduit sans peur et sans avoir à regretter cette témérité.

Aussitôt on se trouve dans une chambre bâtie uniquement pour les pygmées, car un homme de taille moyenne ne peut y tenir debout. Son élévation atteint à peine cinquante centimètres et va en diminuant jusqu'à un pied tout au plus ; en commençant elle a la forme d'un grand entonnoir.

En outre, c'est une chambre coquette, gracieuse et magnifique, le plafond, les murailles, le sol, tout a une même forme, tout est cristallisé. Les murailles, légères, capricieuses, délicatement sculptées, presque transparentes et recouvertes d'une matière brillante ressemblant à de la poudre d'or et d'argent, resplendissaient à la lueur de nos flambeaux. Ce lieu rappelle le cabinet de toilette des sylphides.

Alonso étendu sur le sol s'avança autant que le lui permirent les stalactites qui descendent du toit en formant une attache délicate pour relier les stalagmites paraissant sortir de terre, dans cette position il poussa divers cris qui se répercutèrent en échos doux et mélancoliques semblables à des voix plaintives et amoureuses.

L'illusion fut si complète que je ne pus m'empêcher de dire à Real en souriant :

— Ce sont les sylphides qui sont devenues amoureuses de toi et elles t'appellent.

— Si elles m'ouvraient un chemin, je ne me ferais pas attendre — me répondit-il.

Un de nous quatre qui étions entrés là, s'accommoda le mieux qu'il put sur le sol et esquissa cette partie de la caverne.

En sortant nous rencontrâmes Máximo qui n'avait fait que passer sa tête par le trou.

— D'où sortez-vous ? demanda-t-il ?

— De l'antre des sylphides — murmura Joaquin — d'une voix railleuse.

— Tu as déjà trouvé le nom pour le dessin — dis-je alors à notre ami : — *el antro de las silfides*, l'antre des sylphides.

Le trou resta baptisé du nom de *l'antre des sylphides* au moment où nous allions rejoindre nos compagnons qui parcouraient encore la *Grotte de l'Espérance* en divers sens, formant un tableau fantastique et original, grâce à la lueur des torches qui flambaient çà et là ; j'interpellai le guide en le prenant par le bras pour lui demander une explication, et en même temps je lui montrai une brèche élevée de quarante pieds du sol, brèche que j'avais déjà cru remarquer à la lueur vive du feu de bengale et qu'à présent nos torches mettaient en pleine lumière. Pour moi c'était sans doute l'entrée d'une autre grotte, et les ténèbres, qui paraissaient s'échapper de cette cavité indiquaient une profondeur immense.

— Qu'est-ce que cela ? lui demandai-je de nouveau, en tâchant d'attirer son attention sur ce point, car ses yeux avaient l'air de chercher partout l'endroit dont je lui parlais.

— Ah ! — me répondit-il — vous m'interrogez sur ce trou ?

— Oui.

— Oh, là il n'y a rien, c'est l'habitation du Mansueto.

— Et, qu'est-ce que le Mansueto ? repris-je étonné.

— Quelque monstre — s'écria Máximo, placé derrière nous.

— Oh ! non, monsieur — reprit le guide devenu très sérieux — si vous le voulez, je vous raconterai son histoire.

— Nous devrions déjà la connaître — dis-je.

Et voici ce que le guide nous raconta.

VI

Le Mansueto

À la fin du chapitre précédent j'ai annoncé l'histoire du Mansueto, la voici donc telle que le guide nous la conta :

Tout le monde se souvient de la guerre de l'Indépendance, de cette guerre fameuse où tous les Espagnols, répondant à la voix de la Patrie et de la Religion, devinrent non-seulement des soldats mais des héros.

Le seul nom de Franco était entendu avec horreur et chaque Français regardé avec exécration ; on fuyait le descendant des Gaulois comme on fuit un lépreux.

D'ailleurs, on savait d'avance que toutes les villes, où les Français pénétraient, étaient ravagées, pillées et, si elles faisaient la moindre résistance l'ennemi mettait tout à feu et à sang. Les cités incendiées criaient anathème, et le sang des milliers de victimes immolées demandait vengeance.

Le bourg de Collbató se vit près d'être envahi par l'armée française. Le jour où la nouvelle circula que l'ennemi approchait, la population entière trembla, car elle n'avait qu'une poignée d'hommes pour se défendre, et ces quelques vaillants soldats étaient impuissants à résister à plusieurs centaines de Français.

Cependant, au milieu de la désolation générale, le patriotisme vibrait dans tous les cœurs et dominait la terreur, ils étaient faibles, ils voulurent se montrer braves.

Il fut donc décidé que les femmes et les enfants se réfugieraient dans une maison, en emportant les bijoux et les trésors des habitants, les hommes défendraient cette habitation, renfermant tant de richesses, jusqu'à leur dernier soupir.

Les chefs du bourg finissaient de prendre cette décision, quand il se présenta un villageois habitant la montagne de Montserrat. C'était un homme de quarante-cinq ans, aux membres forts et robustes, au visage loyal sur lequel se lisait la fermeté du caractère et surtout le courage.

— Ce que vous avez décidé — dit-il — est une folie. Les femmes et les enfants vous trahiront par leurs cris ; quant aux bijoux, quelque défense que vous fassiez ils tomberont entre les mains des Français. Vous êtes peu et ils sont nombreux. Vous vous défendrez comme des lions, fort bien, mais ils vous tueront, passeront sur vos corps et obtiendront ainsi, la paix, la fortune et la gloire.

— Que faut-il faire alors ?

— Vous en remettre à moi.

— Comment ?

— En me confiant vos épouses, vos fils et vos trésors, je vous réponds du succès.

— Toi !

— Oui, moi. Restez ici pour combattre, je me charge du reste, et même de vous fabriquer des armes.

En effet, celui qui venait de parler en ces termes, était armurier ou l'avait été. C'était un fils de Collbató connu sous le sobriquet de : Mansueto. Personne n'ignorait son honnêteté, son courage et son dévouement à toute épreuve.

— Mais que feras-tu ? lui demanda un des chefs.

— Vous le verrez tout-à-l'heure — répondit-il laconiquement.

Les bijoux lui furent remis immédiatement, et les femmes et les enfants reçurent l'ordre de le suivre.

Le Mansueto s'en alla accompagné de tout ce monde, qui gravit comme il put les aspérités de la montagne. En entrant dans la caverne, le Mansueto donna pour asile à ces familles, qui avaient abandonné leurs foyers à la férocité de l'ennemi, le vestibule dont nous avons déjà parlé.

Ensuite, à l'aide d'une échelle de corde, il monta à la brèche que vous voyez et entra dans son atelier.

J'ai dit son atelier, car c'était là qu'il travaillait. En bon patriote, il avait prévu qu'un jour viendrait où ses concitoyens de Collbató deviendraient soldats et auraient besoin d'armes ; dans cette perspective il s'était retiré là pour forger des fusils et des épées en toute sécurité et sans aucune crainte.

En effet, qui aurait été le chercher en ce lieu ? De plus il avait tout prévu.

Si les Français parvenaient à la caverne et osaient y pénétrer, il était convenu que les femmes et les enfants monteraient dans son atelier, ensuite, l'échelle serait retirée, et du haut de la brèche, un seul homme suffirait à empêcher l'ennemi d'approcher.

Le Mansueto vécut ainsi fort longtemps, gardant les fortunes, veillant sur les familles commises à sa garde, et forgeant des armes dans cet antre profond, inconnu des courageux défenseurs de la Patrie.

Un jour les Français s'approchèrent de la grotte. Aussitôt les familles montèrent à l'atelier et le Mansueto après avoir retiré l'échelle se plaça à genoux sur le bord de la brèche un fusil à la main.

Les ennemis allumèrent des torches et ayant reconnu les traces récentes de personnes humaines, ils commencèrent à examiner la surface de la caverne.

Peut-être se seraient-ils retirés sans rien trouver si le cri imprudent d'une femme ou d'un enfant n'eût attiré leur attention vers cet endroit.

Ils s'y dirigèrent et à la lumière de leurs torches ils distinguèrent à huit pieds du sol, une brèche sur laquelle un homme calme et digne, tenait un fusil braqué sur eux.

D'un mouvement spontané ils ajustèrent leurs armes.

— Messieurs les Français, je vous prie de vous retirer — leur cria alors le Mansueto. — A la première détonation ces caves vont s'écrouler, vous périrez et nous nous sauverons.

Les Français durent le comprendre car ils commencèrent à se concerter entre eux.

A ce moment le Mansueto se leva et poussa du pied un chaudron placé sur le bord de la crevasse, ce chaudron, en tombant fit un horrible bruit et glissa sur les rocs en faisant entendre un fracas épouvantable.

Les ennemis croyant que les rocs se détachaient sur eux laissèrent tomber leurs torches et s'enfuirent effrayés vers l'entrée de la caverne, se lançant pêle-mêle sur les précipices au risque de se tuer.

Ce jour-là ils ne retournèrent pas tous à Collbató et les profonds abîmes de cette montagne reçurent dans leur sein les corps de plusieurs soldats.

Les ennemis ne revinrent jamais à la caverne.

Là s'arrêtait le récit du guide sur l'histoire du Mansueto.

Nous résolûmes de visiter le trou qui avait servi de refuge à cet honnête citoyen. Nous approchâmes une échelle et plusieurs nous suivirent. La brèche sert d'entrée à deux petites caves dans lesquelles nous trouvâmes une échelle de corde brisée, une grande caisse vide, une cruche et différents objets de première nécessité, sur le bord de la crevasse deux énormes clous fixés dans le roc, avaient sans doute servi au Mansueto pour placer son échelle de corde.

Notre inspection finie, nous redescendîmes vers nos amis pour examiner ensemble le fond de la *Grotte de l'Espérance*.

Nous ne tardâmes pas à nous arrêter.

Une crevasse profonde s'ouvrait à nos pieds.

VII

Exploration souterraine

La crevasse qui s'ouvrait à nos pieds paraissait immense.

Une roche inclinée et glissante conduit à ce gouffre. Nous en mesurâmes la profondeur avec une ficelle au bout de laquelle une balle de plomb était suspendue ; nous trouvâmes dix mètres de profondeur. Ensuite nous y fîmes descendre une lumière qui ne s'éteignit pas en arrivant au fond et servit à nous prouver que l'air était respirable.

Enfin nous y lançâmes une échelle de corde après avoir eu soin de l'attacher solidement à une masse de granit.

Il est nécessaire de dire que cette échelle ne présentait pas toutes les garanties voulues, ses montants et ses traverses n'étaient pas faits pour nous tranquilliser. Pour ce motif, il fut décidé que l'un de nous resterait en haut jusqu'à ce que tous fussent descendus afin de faire attention à ce que deux ne se suspendissent pas à la corde en même temps pour éviter un malheur causé par l'imprudence.

Je fus choisi pour cet office.

M'étant assis sur la roche, mes jambes pendant dans l'abîme, je tirai mon calepin, me préparant à appeler les excursionnistes par leur nom d'après l'ordre dans lequel ils étaient inscrits.

Selon la résolution que nous avions prise de donner un nom à ce que nous rencontrions, cette crevasse reçut celui de « Puits du Diable » — Pozo del Diablo.

C'était bien, en effet, le véritable *Puits du Diable*. Malheur à celui qui, pris de vertige, aurait lâché la corde ou à qui la tête aurait tourné ; c'en était fait de lui. Les pointes aiguës des rocs, dans cette descente forcée, auraient brisé, mutilé son corps bien avant qu'il ne fût arrivé au fond de l'abîme.

Un guide descendit chargé d'un paquet de torches de résine pour les distribuer à ceux qui allaient le suivre. Après lui, F. fut le premier d'entre nous qui se laissa engloutir dans la bouche du *Puits du Diable.*

Quand il fut arrivé en bas, quand sa voix, sortant des entrailles de la terre, m'eut averti qu'un autre pouvait descendre, je nommai Lorenzalo et après lui tous les autres excursionnistes.

L'impression que je ressentis durant la descente de mes compagnons a été si profonde que je puis assurer que jamais elle ne s'effacera de mon esprit. On n'entendait pas d'autre voix que la mienne quand elle prononçait un nom, et celle du guide m'avertissant que l'échelle était libre, et c'était pour me crier : Un autre !

Tous muets et silencieux obéissaient à ma voix, disparaissant comme des ombres, le Puits du Diable les engloutissait un à un ; ils passaient devant moi pour aller suspendre leurs corps à cette faible échelle au-dessus de ce précipice affreux où ils risquaient de s'ensevelir dans le gouffre sans fond de ces roches. Quelquefois je m'inclinais sur l'abîme ; mais je ne voyais que des étoiles de lumière petites comme les étincelles d'un feu aperçu au loin ; les voix sourdes et lugubres parvenaient seules à mon oreille ; alors je l'avoue humblement, un frisson de peur parcourait mon corps et une main de marbre se posait sur mon cœur et glaçait le sang dans mes veines.

Plusieurs de ceux qui nous avaient suivis jusque-là refusèrent de descendre ; ils insistèrent même pour m'en détourner.

Je ris de leur frayeur et de leurs instances, mais de ce rire habituel aux Anglais qui rient généralement du bout des dents ; puis, prenant congé d'eux, je mis le pied sur le premier échelon.

Un guide placé en haut éclairait ceux qui descendaient ; un autre au milieu de la descente était assis dans le creux d'un roc et illuminait ce trou gigantesque à l'aide d'une torche enflammée ; enfin d'autres guides placés au bas de l'échelle la soutenaient afin de l'empêcher d'osciller autant que possible sous le poids de celui qui descendait.

Je fermai les yeux pour ne pas voir le gouffre béant ouvert sous mes pieds, et qui m'avait paru agrandi depuis que je l'avais regardé étant assis sur le bord ; je crois même que je retins ma respiration tant que dura mon périlleux voyage. Enfin le moment arriva où je pus poser mes pieds sur un espace plus large que la faible corde de l'échelle. Je poussai un soupir de soulagement, j'ouvris les yeux. J'étais déjà arrivé.

L'endroit où je me trouvais était presque circulaire ; des rocs énormes m'entouraient, et, pour sortir de ce lieu, je fus obligé de me cramponner à ces masses avec beaucoup de peine et non sans courir de grands dangers. Après avoir traversé un trou où mon corps put à peine passer, je descendis à l'endroit où m'attendaient plusieurs de mes camarades auxquels F... offrait une allumette bougie à mesure qu'ils arrivaient.

Depuis l'instant où l'on quitte l'échelle de corde, il faut encore descendre sur une longueur de deux mètres à travers les rocs avant d'atteindre une brèche qui ressemble à l'entrée d'une grotte.

Et, comme ces roches ne sont que la continuation du *Puits du Diable*, l'abîme mesurait donc en tout douze mètres ; profondeur considérable, selon moi, attendu que pour la parcourir on est plongé dans les ténèbres, que la douteuse clarté des torches rend encore plus profondes, en augmentant leur danger. Quand, malgré la réunion de toutes ces difficultés imposantes, l'esprit ne s'effraie pas, le visiteur devient plus résolu et plus audacieux.

Le site sur lequel je me réunis à mes amis, a une voûte élevée dont les roches s'assemblent en forme triangulaire. Ce lieu fut donc nommé : *Salon du Triangle* (1). Lorenzale avec cette heureuse facilité que Dieu lui a donnée et cette main ferme que la pratique de l'art lui a rendue plus sûre, traça un admirable croquis de ce lieu qui n'a certainement pas d'autre valeur que celle d'avoir été peint par Lorenzale. Quand il eut fini, nous allumâmes, les uns des bougies, les autres des torches ; puis nous attachâmes à une pierre le cordeau que nous devions tenir, puis lâcher, afin qu'au retour il pût nous servir de guide et nous aider à sortir de ce

(1) Salon del triangol.

— 21 —

labyrinthe où nous allions peut-être nous égarer. Enfin, nous
nous mîmes en marche et commençâmes l'excursion souterraine.

Après avoir franchi l'entrée de cette nouvelle grotte nous rencontrâmes un passage si étroit que les rocs retombaient de
manière à se confondre avec ceux du sol ; si bien que nous fûmes
obligés de le traverser presque en rampant, à l'aide de nos pieds,
de nos genoux et de nos mains. Au bout de ce passage, que nous
avons nommé : *Passage des Rocs* (1), il se trouve une énorme
roche par-dessus laquelle on doit sauter. Ici, je dois avertir le
voyageur que cette roche cache un grand péril.

Effectivement, à sa base s'ouvre un trou d'une profondeur
insondable. J. de H., après avoir traversé le passage des rocs
avec l'intrépidité que nous admirions tous en lui depuis qu'il était
dans les grottes, ne put se retirer sain et sauf, c'est-à-dire qu'il
manqua d'être précipité dans ce gouffre sans fond. En sautant il y
tomba presque perpendiculairement ; mais se rejetant vivement
en arrière il réussit à s'accrocher des mains à la roche jusqu'à ce
que, pâles de terreur, nous allions l'aider à sortir de cette mau-
vaise position.

Une fois cette roche passée, la vue commence à se récréer sur
d'agréables tableaux. L'âme oppressée depuis quelque temps par
les sensations de terreur que l'on éprouve à descendre le Puits du
Diable et à parcourir le passage des rocs, reçoit une nouvelle
ardeur et une vie nouvelle ; bannissant l'impression fatigante qui
jusqu'alors l'a tenue captive comme dans un cercle de fer, elle se
rafraîchit et se berce mollement dans les mélancoliques et joyeuses
émotions que fait naître la vue des objets qui l'entourent.

Nous avions devant nous une galerie longue et élevée. La
boussole nous indiqua que nous venions d'y pénétrer dans la direction du N.-O. au S.-E.

Le côté droit de cette galerie est capricieusement travaillé. Les
stalactites tombent en forme de pyramides ouvragées dont les
énormes piédestaux reposent sur le sol, tandis que le mur en
granit mutilé, ressemble aux plis larges et spacieux formés par les
draperies d'un grand rideau couvrant la muraille.

Le silence est religieux et solennel.

(1) Pasadizo de los Peñascos.

La voûte laisse pendre de capricieuses et bizarres stalactites qui, à la lueur vacillante des torches, forment le plus bizarre assemblage d'ornements lambrissés.

Une grosse roche, semblable à une statue de saint, fit qu'à la proposition d'Alonso, cette cave reçut le nom de *Galerie de St-Bartolomé* (1).

Nous l'examinâmes un bon moment, ensuite nous continuâmes notre excursion.

VIII

La Galerie de Saint-Bartolomé. Le Cloître des Moines. La Grotte des Stalactites. La Bouche de l'Enfer.

Nous avancions toujours en observant le plus profond silence.

Ensevelis dans les ténèbres comme le plongeur submergé par les eaux, nous allions à pas lents surprendre l'œuvre prodigieuse de la nature, cachée dans les plis de son sombre manteau ; nous allions à la recherche de ce fantastique Eldorado que notre imagination avait composé, et que notre esprit caressait vaguement comme un palais merveilleux qui, sous la lumière de nos torches, devait sortir du sein de cette nuit profonde, resplendissant de luxe et de richesses inconnues.

Il est difficile, pour ne pas dire impossible, d'expliquer l'horreur majestueuse et sublime qui règne en ce lieu. Le silence était si grand qu'à une distance suffisante nous entendions le bruit presque imperceptible des crayons employés par Inglada, Lorenzale ou de Trias. De temps en temps des hallucinations étranges me passaient par l'esprit, on aurait dit de ces rafales printanières dont le souffle est si chaud, qu'elles semblent porter en elles un rayon du soleil. Mon courage faiblissait ; je doutais si je devais continuer cette course terrible et imposante, une voix semblait m'appeler et me dire : pendant qu'il en est temps encore retourne en arrière. A ce moment un effort énergique m'a été nécessaire,

(1) Galería de San Bartolomé.

pour faire parler toute la poésie concentrée dans mon âme, pour que la voix du cœur, dominant celle de la nature, criât à cette dernière : Silence et en avant !

Je ne me souviens plus quel fut celui d'entre nous qui dans un de ces moments de trouble, m'arracha à mes idées décourageantes, en me faisant examiner des signes gravés sur l'angle d'une roche, et qui avaient attiré son attention.

J'approchai ma torche afin de mieux distinguer. Je vis des lettres gravées avec la pointe d'un couteau ou de tout autre instrument contondant. Aucune hésitation n'était permise ; ces lettres réunies formaient une inscription. Nous restâmes un bon moment avant de pouvoir la tirer au clair, et enfin nous lûmes les paroles suivantes :

JOSÉ, PADRE DE SAN BENITO 1692

Joseph, père de l'ordre de St-Benoît 1692

Je ne sais comment noter l'impression qui s'empara de moi en présence de ce nom gravé sur le granit un siècle et demi plus tôt ; il y a des impressions sans nom auxquelles l'âme obéit à certains moments donnés, et ces moments sont sublimes à force de réunir en eux les sentiments de la terreur, du respect, de la religion et du mystère.

Je me trouvais alors en un de ces instants solennels.

Ces souterrains profonds, ces cavernes surtout que nous croyions ignorées, ce monde englouti dans les ténèbres que nous allions visiter avec l'orgueil de nouveaux colons, n'étaient pas inconnus de nos aïeux ; des hommes, dans les siècles précédents, s'y étaient ouvert un passage. Ceci était donc une preuve évidente que les étrangers n'avaient rien découvert, eux, si fiers cependant, d'avoir emporté dans leur pays la copie d'une de ces grottes.

Mon cœur, dans un sublime élan de reconnaissance, rendit grâce à l'Etre Suprême qui avait permis que la langue espagnole fût la première à résonner sous ces voûtes sonores ; je me réjouis entièrement que le pied d'un espagnol et non celui d'un étranger eût foulé en premier ce sol rocailleux.

Je restais absorbé devant cette inscription, quand Ignace m'appela pour m'en montrer une autre proche de la première.

... celle-ci, plus moderne d'un siècle on lisait :

FRAY SEBASTIEN AUXA 1761

Frère Sébastien Auxa 1761

Nous en découvrîmes encore une autre ; mais nous ne pûmes parvenir à la déchiffrer, car les premières lettres paraissant former un nom, étaient presque effacées ; nous réussîmes seulement à lire les derrières lettres représentant sans doute le surnom et sous lequel la date était placée :

CAMP, 1711

Joyeux et satisfaits d'avoir appris que les étrangers n'avaient pas pénétré dans les grottes avant nos aïeux, nous continuâmes notre exploration.

La galerie de St-Bartolomé est courte et de forme demi-circulaire. A l'Est s'ouvre une autre galerie dans laquelle nous entrâmes sans tenir compte d'une grande brèche qui la divise à une hauteur de trois mètres environ : cette crevasse que les guides nous dirent être un simple trou, était une sorte de cave ; nous l'apprîmes dans une seconde excursion que nous fîmes quinze jours plus tard après avoir été rendus à notre calme habituel.

Dans cette deuxième excursion, deux ou trois amis gravirent jusqu'à ce trou qui nous parut être le point par où pénètre l'eau des pluies ; nous voulûmes nous en rendre compte et, dans ce but, nous y montâmes avec beaucoup de difficultés et en courant un grand péril ; après, nous fûmes convaincus que l'eau des pluies torrentielles devait filtrer par là.

En retournant pour sortir par où nous étions entrés, F. C... nous fit remarquer un passage s'ouvrant à droite parmi les rocs, nous le suivîmes, et, après avoir marché un bon moment dans une direction quasi-circulaire, nous nous trouvâmes en présence d'une ouverture, sorte de fenêtre ayant vue au-dessus de la galerie faisant suite à celle de St-Bartolomé. De ce point, le voyageur peut embrasser une grande partie de la grotte. Il nous était impossible de descendre en cet endroit ; aussi dûmes-nous rétrograder pour sortir par l'unique crevasse servant d'entrée et de sortie.

La galerie qui commence à la fin de celle de St-Bartolomé est

courte et presque circulaire, ornée d'un grand nombre de stalactites placées à droite et à gauche ; la plupart en se réunissant aux stalagmites correspondantes forment des colonnes majestueuses
dont quelques-unes sont magnifiques et sveltes comme ces colonnes gothiques qui sont le plus bel ornement de certains cloîtres.

Nous remarquâmes les inscriptions suivantes gravées sur divers
points de la galerie.

FRAY DIÉGO EN 1601

B. DE CORTADA EN 1551

FRAY FRANCISCO ROCA 1511

Ces deux derniers nous étonnèrent par leur ancienneté qui se
reconnaissait non seulement par les dates, mais d'après le caractère des lettres. Ensuite venait la suivante écrite en Catalan, d'une
écriture moderne :

LOS MONJOS DE MONTSERRAT 1651

Les moines de Montserrat en 1654

Grâce à cette dernière inscription cette galerie reçut le nom de :
Cloître des moines (1).

A quelques pas plus loin, la voûte qui jusqu'alors s'était mainte-
nue à une hauteur ordinaire s'effaça tout à coup dans l'espace. A
la lueur vague de nos torches, un spectacle merveilleux s'offrit à
nos yeux, c'était un véritable tableau encadré dans le roc, tableau
immense, embrassant toute l'étendue de la caverne.

Au bout du cloître des moines, vers le N.-E., le visiteur qui arrivera jusque là, verra s'élever une éminence comparable à la base
d'un temple gothique. Sur le premier moment, on croit voir se
dresser les ruines d'un sanctuaire païen, conservant encore des
vestiges de ses anciennes richesses, un de ses sanctuaires tels que
l'âge antique nous les a légués et qui se retrouvent quelquefois
intacts dans les entrailles de la terre.

Les innombrables stalactites que nous apercevions d'en bas, nous
décidèrent — même avant de les avoir examinées — à donner à
cette nouvelle caverne d'une apparence si séductrice le nom de :
Grotte des Stalactites (2).

(1) Claustro de los Monjos.
(2) Gruta de las estalactitas.

En effet, jamais aucun nom ne fut plus mérité et ne répondit mieux aux espérances qu'il avait fait concevoir.

La montée à la grotte des stalactites s'effectue par un passage souterrainement incommode et très périlleux. On doit d'abord gravir une roche lisse et inclinée, ensuite passer sur une autre jetée là comme un pont sur une abîme ; cet abîme, quand il pleut, sert sans doute de canal aux eaux qui vont se perdre dans les cavités de grottes plus profondes, plus souterraines et plus merveilleuses encore.

La grotte des stalactites est une cave superbe, qui le devient chaque jour davantage car l'eau n'a pas cessé d'y filtrer comme elle paraît l'avoir fait dans les autres grottes.

En la voyant, tous les artistes poussèrent une exclamation de joie, ensuite Lorenzalo qui finissait d'enrichir son album avec le croquis du cloître des moines s'empressa de dessiner ce palais splendide qui apparaissait fantastique, illuminé par la lueur vacillante de nos torches.

Là s'élèvent de nombreuses colonnes, d'élégants piliers ornés de moulures et de reliefs, dont quelques-uns serpentent en spirales, et les autres sont tout à fait droits. Sur eux repose la voûte embellie d'ornements lambrissés ; les murailles tapissées de filigranes artistement travaillés ; ailleurs, les stalactites descendent drapées comme les plis ondoyants et flottants des riches tentures, là elles s'élancent hardiment dans l'espace à travers les ténèbres comme les flèches aiguës des cathédrales s'élèvent dans les airs ; là enfin, sous le regard de Dieu se multiplient les merveilles qui croissent dans le silence et l'obscurité de la nuit, fécondées par la goutte d'eau, véritable architecte qui travaille et élabore sans relâche des trésors qui n'ont rien à envier à l'art ; au contraire, le plus grand artiste en mourrait de jalousie, s'il ne reconnaissait pas là, la main du Créateur.

Assurément, c'est admirable et extraordinaire de surprendre ces beautés vierges de la nature dans la région des ombres, de juger avec calme et tranquillité le travail de l'humble goutte d'eau ; en se détachant de la voûte, elle finit par s'élever en un capricieux filigrane qui humilie par sa beauté et l'élégance de sa forme.

l'orgueil de l'artiste étonné et impuissant qui le contemple et l'admire.

Quel burin ! quel ciseau humain serait capable d'imiter les fins et délicats tissus tirés du roc, les élégants tulles de granit, les admirables dentelles de pierre formées par le travail de cette simple goutte d'eau qui use et perce la matière dans sa constance infatigable.

Oui, je le répète, c'est véritablement admirable de voir comment au sein des ténèbres, la stalactite s'est unie à la stalagmite dans un doux baiser d'amour, devenu le lien de son éternelle association ; tandis que la nuit veille silencieusement, sur leurs pudiques amours, l'œil de Dieu préside dans l'ombre à leur chaste hyménée.

Cette grotte mirifique, la plus belle que nous ayons vue, s'est formée petit à petit. L'eau en y entassant la matière a fini par former ce phénomène magique et original.

L'imagination se confond, l'âme s'anéantit devant tant de grandeur, l'homme, en présence du Créateur de ce chef-d'œuvre surhumain, n'est plus qu'un pygmée, moins encore : un vil ver de terre. L'impie courbe le front et le chrétien fléchit le genou devant l'œuvre du Tout-Puissant ; tous les deux méditent et pensent que si la goutte féconde a eu besoin d'une série de siècles pour construire cet édifice, cette série d'années écoulées n'est rien dans l'histoire de l'âge du monde, c'est à peine un fragment de l'éternité de Dieu.

A la lumière des torches tout brille et s'illumine.

Nous regardions cette grotte sans pouvoir nous rassasier de l'admirer.

L'un de nous, sans rien dire à personne, alluma un feu de bengale.

Je renonce à peindre cet effet il faudrait une autre plume que la mienne.

C'était la réalisation d'un rêve d'artiste ou de poète, un décor féerique des contes de Schéhérazade, l'autel décoré d'une cathédrale un jour de fête, jaillissant subitement à nos yeux étonnés avec ses profils sauvages, leurs travaux surprenants et leurs reliefs capricieux, vrais bijoux d'architecture.

Être puissant! magique! enchanteur et miraculeux!

— Oh! poète! poète! ici l'on chante — s'écria Alonso en me prenant le bras.

— Tu te trompes, mon cher ami — lui répondis-je — ici l'on prie et l'on croit.

À la lueur rougeâtre du feu de bengale, la grotte, jusqu'à ses moindres recoins, se dessina devant nous. Entre ses colonnes de stalactites s'ouvrait, dans le sol même, une crevasse immense entourée d'un monceau de roches informes et gigantesques.

— C'est la bouche de l'enfer — dit l'un de nous en s'y dirigeant.

En effet, la lumière rouge en se reflétant dans toute la cave, donnait à ce trou béant l'apparence de la réalité et réussissait à rendre l'illusion complète.

— La bouche de l'enfer! — criâmes nous tous en nous avançant vers elle.

Les guides nous arrêtèrent pour nous faire observer que, selon la tradition, personne n'avait dépassé cet endroit, et que si nous voulions encore aller plus loin, ils ne répondaient de rien, attendu que le chemin leur était totalement inconnu.

Cette déclaration ne manqua pas de faire son effet sur quelques-uns, cependant nous nous remîmes bien vite, car nous étions là pour sonder tous les mystères de ces souterrains et non pour nous arrêter au premier obstacle. Nous rappelâmes aux guides le pacte que nous avions passé avec eux ; c'est-à-dire qu'ils devaient nous suivre partout, n'y en aurait-il qu'un parmi nous qui eût voulu aller en avant. Ils répondirent qu'ils étaient disposés à nous accompagner.

Nous nous acheminâmes donc directement vers la bouche de l'enfer, après avoir noté deux autres inscriptions que je trouvai dans un angle. Les voici :

JACINTO GARCIA EN 1691

MONTAÑO 3 COPIAS 1789

Bientôt nous nous arrêtâmes devant la bouche de l'enfer, puits qui paraissaient très profonds et plus périlleux que la descente du *Puits du Diable.*

IX

La grotte de l'éléphant. — La bouche de l'enfer. — La galerie des fantômes. — La grotte des chauve-souris. — La galerie de la Dame Blanche. — Le salon de l'abside gothique.

Après avoir mesuré la profondeur de la *Bouche de l'enfer* (1), qui, contre ce que nous attendions, mesurait seulement trois mètres, un guide se laissa glisser au fond afin de nous faciliter la descente.

Pendant que nous attachions l'échelle de corde, je sentis une main qui tirait doucement mon manteau. Je me retournai et je vis Catalá. Pauvre Catalá !

Il s'était assis sur une roche et appuyant son front pâle sur une stalagmite qui s'élevait svelte et légère pour se réunir à une autre semblable qui se détachait du toit.

— Sors-moi d'ici, — me dit-il à voix basse — je ne respire plus, j'étouffe !

En effet, l'endroit où nous étions est peut-être le seul où nous éprouvâmes un certain malaise, comme si nous commencions à manquer d'air. Ce léger malaise, que nous ne devions ressentir nulle part ailleurs, était sans doute produit par la réunion de nos torches enflammées dans un espace aussi étroit. La fumée de ces lumières, en absorbant une partie de l'air respirable rendait l'atmosphère plus dense et plus lourde pour nous.

En outre, Catalá me dit ces paroles d'un accent imprégné d'une si profonde tristesse que je vis bien que pour lui, les grottes avaient perdu tout l'attrait qu'elles méritaient.

C'est que, malade comme il était, Catalá avait fait un violent effort sur ses douleurs pour descendre jusque-là, il comptait y rencontrer une source souterraine à laquelle il désirait boire car quelqu'un lui avait dit que cette eau serait un remède efficace contre sa faiblesse. En trouvant ses espérances déçues, Catalá

(1) La boca del infierno.

taciturne perdit cette foi aveugle qui soutient le malade;
d'autre part contrarié et rempli d'une indifférence complète
envers tout, symptôme caractéristique de la maladie, Catalá, je le
répète, désirait s'en retourner, non seulement pour respirer l'air
pur, mais afin de se réchauffer sous les brûlants rayons du soleil,
pour contempler la voûte azurée du ciel, et pour reposer ses yeux
sur le vert tapis des champs.

Ayant appelé un guide et Féderico T..., nous suivîmes le fil
conducteur pour accompagner Catalá jusqu'au pied de l'échelle du
puits du Diable. Nous ne nous éloignâmes que lorsqu'il eut atteint
le dernier échelon, il fit cette ascension en s'arrêtant de temps à
autre et avec beaucoup de difficulté, enfin nous le recommandâmes
au guide avec toute la sollicitude possible.

— Je suis arrivé, adieu, me cria Catalá d'une voix si faible
qu'elle parvint à peine à mon oreille.

— Adieu ! — lui répondis-je.

Hélas ! j'ignorais que cet adieu échangé au pied du puits du
Diable devait être un adieu éternel.

Je ne revis jamais Catalá.

A sa sortie des grottes, il s'achemina avec le guide jusqu'à
Collbató ; quand un peu plus tard nous y arrivâmes à notre tour
il dormait et trois jours après, à Barcelone, au moment où je me
disposais à aller le voir, j'appris qu'il était mort.

Pauvre Catalá !

Et maintenant que j'ai donné un souvenir à la mémoire de
l'ami et de l'excursionniste, je reviens au point où tout à l'heure
j'ai laissé mes compagnons.

Donc, après avoir quitté notre ami, Féderico et moi nous retournâmes à la bouche de l'enfer. Plusieurs de nos camarades étaient
déjà descendus et les autres se disposaient à le faire.

Puisque les lignes que j'écris peuvent servir un jour, et, elles
serviront sans doute de guide à d'autres excursionnistes qui visi-
teront ces grottes remarquables, vraiment dignes d'attirer l'attention des touristes et de tous ceux dont le cœur sait comprendre le
langage de la poésie muette et sublime de la nature ; il est nécessaire que j'entre dans quelques détails et qu'on me permette de

rendre compte des observations minutieuses faites dans les
cavités et les recoins de ces cavernes.

Je suis donc forcé d'avertir le voyageur qu'en abandonnant la
grotte des stalactites il rencontrera, entre celle-ci et la bouche de
l'enfer, un corridor transversal qui s'étend vers la gauche dans la
direction du N.-E. au S.-O.; s'il s'y dirige, il découvrira une pente
qui finit à la voûte, laquelle se trouve traversée par des colonnes
de plusieurs mètres de diamètre attachées seulement à la partie
supérieure; sur le sol on n'aperçoit que des monceaux de roches
et de terre. Si au contraire le visiteur laisse de côté la bouche de
l'enfer pour suivre à droite la direction du S.-O. au N.-E. en tournant ensuite dans un chemin opposé, il pénétrera dans une grotte
charmante où il ne regrettera sûrement pas d'être venu. Dans
notre première excursion, personne ne vit cette grotte auprès de
laquelle nous passâmes sans y faire attention, et qui cependant,
est une des plus belles de ce palais souterrain; c'est pour cet
aveuglement involontaire que nous ne lui donnâmes pas de nom,
mais dans notre seconde excursion elle ne nous échappa pas.

En effet, tous ceux qui prirent part à cette deuxième exploration
convinrent d'un commun accord et sans élever aucune objection
de décerner à cette cave le nom de *Grotte de l'éléphant* (1), car
au milieu se trouve une roche monstrueuse ayant la forme d'un
éléphant à la tête inclinée, et qui soutient deux belles tours sur
ses robustes épaules; ce gigantesque animal est tel qu'on le trouve
peint à chaque instant dans les contes des orientaux.

Si la vue s'arrête et se fixe un moment, si elle se concentre pour
chercher l'esquisse grossière de ce bloc colossal, l'illusion est complète. Les murailles de la Grotte de l'éléphant sont capricieusement
travaillées, couvertes d'arabesques, d'hiéroglyphes, de riches et
originales fantaisies; formées par l'assemblage de ces pierres,
elles sont devenues la parole poétique du granit, qui émerveille le
voyageur, et plonge l'âme dans des méditations profondes, abou-
tissant toujours à prouver davantage la grandeur de Dieu aux
faibles humains.

Mais dans cette grotte, ce qui frappe le plus celui qui la visite,
et qui est effectivement digne de toute admiration, est sans contre-

(1) Gruta del elefante.

[...] véritable et achevé qui partage la voûte en partant
complètement d'un de ses angles et qui s'élève hardiment jusqu'au
sommet en décrivant une courbe parfaite qui va se perdre dans la
partie opposée au milieu des ombres. Le meilleur architecte en serait surpris.

Cette caverne ne dépare pas ce monument souterrain, elle en
forme une partie intéressante. A sa beauté et à sa grandeur cor-
respond cette nef vaste et élevée qui s'étend en profondeur et
permet au voyageur étonné de la parcourir d'un seul coup d'œil
sans rencontrer aucun obstacle. Cette enceinte prodigieuse est
remplie tout entière d'une sublimité pareille à celle qu'inspire
l'intérieur d'un temple magnifique.

Dans un coin de cette grotte nous découvrîmes le nom d'un
Anglais : L. SMITH, 1780.

C'était peut-être le nom d'un de ces Anglais qui, d'après les on-dit,
pénétrèrent là vers la fin du siècle dernier, et qui égarés, restè-
rent deux jours entiers dans le labyrinthe des chemins différents
qu'offrent les cavernes.

En sortant de la Grotte de l'éléphant nous nous dirigeâmes vers
la Bouche de l'enfer et nous y descendîmes avec bien du mal, aidés
de la corde et des guides sur l'épaule d'un desquels on devait ap-
puyer ses pieds, si l'on voulait descendre en toute sécurité. L'ébran-
lement du terrain et celui des roches rendaient la descente très
difficile. Heureux celui qui pourait y arriver sans contusion, ou
tout au moins s'en tirer en n'ayant que les mains ensanglantées.

Une fois en bas on pénètre par l'unique ouverture qu'on remarque là, et l'on entre dans une galerie qui n'a rien de particulier ;
elle va toujours en s'abaissant et fait plusieurs circuits à droite et à
gauche. La voûte est suffisamment élevée, le sol est hérissé de
roches comme celui de la grotte de l'Espérance. De distance en
distance les murailles ont des renflements et montrent quelques
creux fermés par une sorte de grille faite de petites colonnettes.
Après avoir marché un bon moment, ce qui contribue à prolonger
la difficulté avec laquelle on marche, on arrive à une galerie, qui
elle aussi ne reçut pas de nom à notre première excursion et fut

nommée un peu plus tard, très intelligemment, par les Indiens : — *La galerie des fantômes* (1).

Je dis très intelligemment parce qu'à sa gauche se trouvent, en quatre groupes blancs séparés l'un de l'autre, et qui, à la faible lueur des torches prennent l'apparence de figures humaines enveloppées dans de larges manteaux. Cette série de fantômes couverts de leurs suaires paraissent sortir de l'ombre, et s'avancer l'un derrière l'autre au devant du voyageur audacieux qui, animé d'une curiosité sacrilège, ose arriver jusque là pour troubler la paix et le calme légués par les siècles à ces vastes profondeurs.

Un silence de mort règne en ce lieu, c'est le repos de la tombe qui vient y chercher asile. Tout est lugubre, mélancolique et mystérieux. On dirait un ancien cimetière découvert dans les catacombes. Ces blocs de pierres blanches qui s'élèvent en dessinant leurs profils comme des corps humains sortant de leurs sépulcres, ressemblent à des figures mortuaires, à des statues de marbre qui prennent la forme et la vie d'un corps au bruit des pas, qui rompent leur charme et abandonnent leurs lits de pierre aux voix étranges qui résonnent dans le vide. Le visiteur ne peut s'empêcher de ressentir en lui-même une sorte de frayeur, et, quand sa main tremblante agite la torche qui déchire les ténèbres, il croit voir — terrible est l'hallucination — ces formes se mouvoir, leurs bras s'agiter sous le drap qui les couvre ; même, il craint que leurs lèvres ne s'entrouvrent pour lancer un anathème contre l'être impie qui ose interrompre le silence glacial du tombeau.

La galerie des fantômes est suivie de six autres grottes, la plupart simplement formées par des roches couvertes d'argile ; aussi doit-on faire attention pour ne pas glisser. En effet, cette terre si grasse et si fine ne permet pas aux pieds de s'y fixer avec sécurité ; à chaque pas, le voyageur est exposé à tomber sur le sol ou à choir du haut d'une de ces roches. Heureusement elles sont peu élevées et la chute n'offre pas de véritable péril.

Parmi ces grottes qui ne présentent rien de particulier la seconde fut appelée : *Grotte des chauve-souris* (2).

Et voici pourquoi.

(1) Galería de los fantasmas.
(2) Gruta de los murciélagos.

... s'éloignées venaient d'y pénétrer en tenant chacun une ... à la main, quand ils entendirent un bruit singulier au-dessus de leurs têtes. Ils levèrent les yeux et aperçurent un nuage ... de chauve-souris qui battaient l'espace de leurs larges ailes en montrant d'horribles têtes semblables à celles de jeunes ...sures. C'était une nuée si compacte, si épaisse qu'en dehors de la grotte elle aurait obscurci la lumière du soleil.

Alonso nous appela et nous accourûmes tous.

Aux éclatantes lumières de nos torches qui remplirent cette grotte d'une clarté inconnue, les chauve-souris, surprises, étonnées, étourdies, commencèrent à remuer en faisant un vacarme épouvantable, elles s'élancèrent dans toutes les directions, tournant autour de nous comme si elles étaient ivres, se laissant tomber peu à peu à moitié suffoquées. Ce fut un spectacle étrange. Quelques-uns d'entre nous approchaient leurs torches et les brûlaient, d'autres les abattaient d'un coup de poing; et, ces oiseaux nocturnes tombaient l'un derrière l'autre en poussant de petits cris aigus que l'écho répercutait d'une manière étrange.

Après la Grotte des chauve-souris où nous avions soutenu une si forte bataille avec ces vilains oiseaux, nous entrâmes dans une autre cave souterraine, espèce de grotte formée par d'immenses rocs où sur un pan du mur nous vîmes cette inscription :

J. RODALO. — ANY 1583.

C'est la dernière que nous ayons rencontrée ; sans doute les voyageurs intrépides qui nous avaient précédé dans les siècles écoulés n'avaient pas été plus loin.

La dernière des six caves souterraines reçut le nom que Joaquin de H... lui donna, et que nous approuvâmes tous : *La grotte de la dame blanche* (1).

En y pénétrant, on entrevoit dans le fond, se détachant parmi les ombres, un énorme roc blanc placé au-dessus d'une éminence et qui a l'apparence d'une forme humaine recouverte d'un voile long et épais ; il ressemble à la dame blanche des légendes de Walter Scott, surgissant du sein des ténèbres et se dessinant gracieusement aux yeux ravis du chasseur de la montagne.

(1) Gruta de la dama blanca.

Après ces six grottes, en escaladant un monceau qui ressemble au premier échelon d'une échelle de géant, on arrivera à la dernière caverne de cette demeure souterraine.

Elle est belle et magnifique ; c'est une compagne de la grotte des Stalactites et de la grotte de l'Espérance.

Lorenzale, en la voyant, poussa un cri de joie, et tandis qu'il dépêchait de l'esquisser sur son album nous lui donnâmes le nom de : *Salon de l'abside gothique* (1) et vraiment nous eûmes raison de l'appeler ainsi. Le ciseau de l'artiste ne peut pas tracer avec plus d'exactitude, avec plus de beauté et plus de perfection, une abside comme celle qui s'élance à travers l'espace en se balançant hardiment ornée de toute sa splendeur et de toute sa magnificence. Cette cave circulaire a quatre mètres de diamètre et possède une élévation considérable, elle est entourée de colonnes dont quelques-unes sont de capricieux groupes de stalactites. Les murailles, les piliers, les roches sont couverts d'un argile rouge-clair en sorte que l'ensemble paraît entièrement doré sous le faux jour des torches.

Cette caverne ensevelie dans les entrailles de la terre est non seulement un salon, mais elle surpasse les plus beaux temples bâtis sur la surface du globe ; il y en a peu qui la dépassent en hardiesse, en grandeur et surtout par la richesse du travail. Oui, ils sont rares, les édifices qui ont une voûte aussi immense, dont les colonnes et les arcs s'élèvent avec tant de grâce et de légèreté, et qui sont encore embellis adroitement par de fines et délicates sculptures sur toutes leurs parties.

Le salon de l'abside gothique est un endroit merveilleux, c'est un chef-d'œuvre de la nature.

De toutes parts des piliers, des colonnes nombreuses s'offrent à la vue, qui se perd en examinant passagèrement ces merveilles. Nous croyions être dans l'intérieur d'un temple gothique, et nous ne nous lassions pas d'admirer cette abside précieuse, vrai lien de pierre, qui unit dans un désordre merveilleux une quantité innombrable de colonnes splendides.

Là ! Combien l'homme est petit ; mais combien est puissant le Créateur ; ce suprême architecte qui a su faire dans le sein de la

(1) Salon de l'abside gótica.

... des temples et des palais, à côté desquels les monuments élevés par l'orgueil humain, ne sont plus qu'une faible parodie de ces ouvrages miraculeux.

Dans le salon de l'abside gothique la température est de vingt degrés centigrades, tandis que dans la grotte de l'Espérance, le thermomètre montait à quinze degrés et tout à l'entrée des cavernes à neuf seulement.

Afin d'éviter l'augmentation de chaleur que les torches pourraient produire, Féderico C...., avait soin d'observer ces différentes températures avant que nous entrions dans chacune de ces caves.

Mon ami me fit aussi remarquer que malgré la profondeur à laquelle nous nous trouvions, et l'étroitesse des ouvertures par où nous avions passé, nous respirions tout à fait librement. En effet les lumières des torches, ne changèrent pas un seul instant, et, quand les murailles et le sol étaient humides et couverts de terre glaise le thermomètre ne s'élevait pas au-delà de quarante degrés. Cela nous fit croire que les cavernes communiquaient avec beaucoup d'autres et probablement aussi avec l'extérieur par plusieurs points.

Dans le salon de l'abside gothique nous trouvâmes un passage pour aller en avant; mais nous nous décidâmes à retourner en arrière par le même chemin que nous venions de parcourir.

Il y avait six heures que nous avions pénétré dans les ténèbres, quand nous pûmes de nouveau saluer la lumière du jour. L'émotion que nous éprouvâmes alors est impossible à décrire, et elle aurait été plus grande encore si toute la poésie de notre cœur n'avait pas été diminuée par les impressions successives de notre excursion souterraine.

Après être restés si longtemps à ne voir que la lueur rougeâtre de nos torches, la lumière nous parut gaie, joyeuse et souriante. Quand nous quittâmes les cavernes la nuit commençait à venir et le soleil se couchait sur la campagne.

Oh ! comme elles nous semblèrent belles, les gigantesques roches de Montserrat teintes par les derniers rayons du soleil couchant, ainsi que les prairies immenses qui s'étendent au pied de la montagne, et les rives argentées du Llobregat que bordent les champs florissants.

À la lumière du crépuscule nous descendîmes le Pas du
Pieux, dont l'ascension si effrayante n'eu rien en comparaison de
l'aspect horrible que présente la descente ; quand nous arrivâmes
à Collbató, la lune laissait déjà son globe d'or percer la voûte des
cieux ; nous jetâmes un dernier regard sur les ruines de son
château qui s'élève au-dessus de ses décombres comme au temps
seigneurial se dressait la tour de l'hommage.

. . . .

Tel est le récit de notre excursion aux cavernes de Montserrat,
de ces cavernes merveilleuses qui sans être complètement ignorées, étaient cependant méconnues.

Nous sommes heureux d'être les premiers à rendre compte au
public des beautés et des trésors renfermés dans le sein de Montserrat, la thébaïde catalane, la perle des montagnes, comme l'a
appelée un auteur ancien.

De plus mon récit a été fait avec loyauté et fidélité.

Je le crois du moins, car j'ai écrit ce voyage sous les impressions du moment, me guidant d'après mes propres souvenirs et
ceux de mes amis. Ils peuvent dire jusqu'à quel point j'ai été
exact dans les descriptions.

Chroniqueur de Montserrat, chanteur bien humble de ses gloires
et de ses traditions, je crois avoir accompli un devoir en écrivant
cette excursion à ses cavernes ; cette notice sera sûrement pauvre,
mais les lecteurs ne pourront toujours pas moins faire que de la
trouver curieuse, et les voyageurs qui entreprendront une excursion dans ces grottes célèbres, la trouveront très utile.

Victor BALAGUER

Membre de l'Académie Royale Espagnole.

Traduction de : E. CONTAMINE DE LATOUR
Professeur à l'École des hautes études commerciales.
Membre des académies royales de Séville et de Barcelone.